Imke Johannson

Meine Sommernachts-träume

Lifestyle
BUSSE SEEWALD

Konzept, Fotos und Text: Imke Johannson
Design, Satz und Fotos: Olaf Johannson
Druck und Verarbeitung: fgb freiburger graphische betriebe GmbH & Co. KG, Freiburg
Printed in Germany

ISBN 978-3-512-03309-4

Imke Johannson

Meine SOMMERNACHTS-TRÄUME

Stimmungsvolle Ideen für gelungene Feiern

Inhalt

Vorwort ... 7
1 Verträumte Julinacht ... 8
2 Waldrausch ... 16
3 Oasen im Alltag ... 22
4 Gartenfest für Apfelkönige ... 28
5 Amerikanische Wahlparty ... 32
6 Sommerliches Refugium ... 38
7 Im Land des Lächelns ... 46
8 Besiegelte Gastfreundschaft ... 50
9 Buntes Treiben mit Bast ... 56
10 Mittsommer-Party ... 62
11 Zum Nachtisch unter den Sternenhimmel ... 68
12 Stilvolle Kontraste ... 74
13 Mit einem Hauch von Gold ... 80
14 Leinen los! Maritimes Ensemble ... 88
15 Zart gefaltete Neuigkeiten ... 94
16 Traumhochzeit im Grünen ... 100
17 Ein Märchen aus 1001-er Nacht ... 108
18 Glänzender Empfang für Freunde ... 114
19 Country-Picknick ... 118
20 Poolparty in Türkis ... 124
21 Sonnengereifte Frische ... 130
22 Seeluft voll Lavendelduft ... 136
23 Griechisches Gelage ... 140
24 Sommerliches Finale ... 148
Vorlagen ... 154
Bezugsquellen ... 158
Register (Rezepte und Gastgeberschule) ... 159
Danke ... 160

Vorwort

Laue Sommerabende, an denen man bis in die Nacht hinein unter dem klaren Sternenhimmel sitzen kann, sind einfach traumhaft. Schade, dass Sie beim Blättern des Buches nicht das Zirpen der Grillen hören, die sich abkühlende Luft riechen und die tanzenden Glühwürmchen sehen können. Doch vielleicht lassen Sie sich mitnehmen und können sich die Stimmung in Ihren Träumen weiter ausmalen. Ich stelle Ihnen in meinen Sommernachtsträumen 24 Tischdekorationen in verschiedenen Stilen vor, für kleine und große Feiern, von leger bis festlich. Dabei werden einzelne Dekorationsobjekte immer wieder anders eingesetzt, so sehen Sie, dass man sich nicht jedesmal völlig neu einrichten muss. Die einzelnen Schauplätze für die Feiern finden in unserem Garten statt und werden Ihnen jeweils vorgestellt.

Häufig werde ich gefragt, woher ich die vielen Ideen hätte, doch das empfinde ich gar nicht als außergewöhnlich. Viel schwieriger finde ich es, zwischen all den Variationsmöglichkeiten zu entscheiden und sich letztendlich fest zu legen. So war für mich auch dieses Buch wieder eine Herausforderung. Ich hoffe, dass es mir gelungen ist, Ihnen eine Vielzahl an Ideen zu präsentieren. Nehmen Sie es als Anregung und kombinieren Sie verschiedene Techniken aus den einzelnen Kapiteln, ganz so wie es zu Ihren Gelegenheiten passt und Ihrem Geschmack gefällt. Zum Beispiel können Sie das Gesteck von S. 20 auch kürzer arrangieren und mit Rosen oder anderen Blüten für eine Hochzeit verwenden. Sie sehen, die Möglichkeiten sind unbegrenzt. Zwischen all den Dekovorschlägen für kleine und große Feiern finden Sie immer wieder Tipps für den perfekten Gastgeber und zur Gestaltung passende Rezepte, die am Ende des Buches alphabetisch sortiert zum Nachschlagen aufgelistet sind. Damit Sie die benötigten Zutaten auf einen Blick erkennen können, sind sie im Text hervorgehoben.

Fangen Sie zu Träumen an!

Ute Johannson

Verträumte Julinacht

Zahlreiche Laternen in romantischen Farben sorgen bei voranschreitender Dämmerung für eine verträumte Stimmung. Selbst die Laternen-Girlande über dem „Herzlich Willkommen“ leuchtet im Dunkeln, wodurch der Gruß den ganzen Abend über gut sichtbar bleibt. Das aus Patchworkstoffen genähte Schild wird an einem weiß lackierten Küchenpapierhalter aufgehängt. Diesen werden Sie im Buch noch öfter entdecken und sehen, wie vielseitig er einsetzbar ist. An seinem oberen Ende wurden zwei gekreuzte Einkerbungen gesägt, die als Halterung dienen.

Durch die unterschiedlich gemusterten Tischsets und Mitteldecke ergibt sich eine reizvolle Kombination, die ebenfalls im Patchworkstil gehalten ist.

Lassen Sie sich in diesen romantischen Sommernachtstraum mit hineinnehmen, bei dem man geradezu das wetteifernde Zirpen der Grillen hört, die sommerliche Abendluft, die sich sättigend abkühlt, spürt und den Mond, der sich allmählich vom Nachtblau abhebt, vor Augen malen kann.
Zeit zum Träumen.

Herzlich
Willkommen

Kleine Stuhlhussen

Um die romantische Stimmung über den Tisch hinaus weiterzuführen, werden die Stühle mit kleinen Hussen bezogen. Dafür schneidet man aus **Stoff** passende Rechtecke zu, die an den Seiten zusammengenäht werden. Für eine gute Passform näht man von innen in den Ecken ein kleines Dreieck ab, dessen langer Schenkel die Dicke der Stuhllehne haben sollte. Der untere Rand wird gesäumt.

Auf unserer Terrasse, die das Haus mit dem Garten verbindet, haben wir schon viele schöne Stunden erlebt. In den folgenden Kapiteln werden Sie dort immer wieder Gast sein.

Patchworklaternen ohne Nähmaschine

Für die Laternen werden zunächst aus **selbstklebender Lampenfolie** Rechtecke geschnitten: 33 x 15,5cm für die großen, 21 x 7,5cm für die mittleren und 14,5 x 5cm für die kleinen Laternen der Lichterkette. Von diesen knickt man zunächst an der kurzen Seite einen 1 cm breiten Streifen um, dann faltet man den Rest des Rechtecks in der Hälfte und wiederum in deren Hälften, so dass vier gleich große Seiten entstehen. Dann zieht man die Schutzfolie der klebenden Seite ab, klebt an der überstehenden Kante die Laterne zusammen und rollt die Seiten mit einem sanften Zug und Druck über einen ausgebreiteten **Stoff**. Dieser wird oben und unten und an der zusammentreffenden Kante mit einer scharfen Schere abgeschnitten. Nach Belieben können **Borten** mit Klebstoff aufgeklebt werden. Mit einem Piekser sticht man die Löcher für den Draht vor. Den zurechtgeschnittenen **Draht** (ca. 0,8 mm Durchmesser und 26 cm Länge für die großen, 16 cm für die mittleren und 10 cm für die kleinen Laternen) steckt man von außen ca. 1 cm durch das Loch und knickt ihn um. Bei der Lichterkette befestigt man zunächst den Draht oberhalb der **Lichterkette**, bevor man das zweite Ende in die Lampenfolie einsteckt. Die fertigen Laternen werden über ein **Glas** gestellt, was nun mit einem **Teelicht** oder **Rosen**blütenstrauß ergänzt wird.

Die Bodenlampen der Terrasse geben die passende Beleuchtung für traumhafte Sommerabende. So strahlen die Blüten der Rose Fairy nicht nur am Tag.

Wer kann da schon absagen?

Schon mit der Einladung werden die Gäste auf die Patchwork-Laternen eingestimmt. Auf eine mit **Stoff** beklebte **Postkarte** wird eine **kleine Klappkarte** aufgeklebt, die wiederum mit Stoff bezogen wurde. Dafür verwendet man am besten Sprühkleber. Ein **Draht**bogen und eine **Borte** vervollständigen die kleine Laternen-attrappe.

Leuchtender Willkommensgruß

Zunächst schneidet man für die Laternen fünf 4 x 5,5 cm große Rechtecke aus **Stoff** zurecht. Diese werden rechts auf rechts gegen **Vlisofix** genäht. Die Ecken schneidet man schräg ab. In das Vlisofix schneidet man einen ca. 2 cm langen Schlitz, über den man das kleine Rechteck umkrempelt. Diese werden auf ein 17,5 x 21 cm großes Stoffrechteck gebügelt und mit der Hand festgenäht. Die Schrift (Vorlage S. 154) wird wie im Foto gezeigt mit einem Faden **Stickgarn** auf das Rechteck gestickt. Für die Füllung verwendet man ein gleichgroßes Stück dicken **Filz**, in den mit einem Nahttrenner kleine Öffnungen für die Lämpchen geschnitten werden. Die Rückseite setzt sich aus zwei Teilen je 17, 5 x 15 cm zusammen, die an der zur Mitte zeigenden Seite gesäumt werden. Alle drei Lagen werden zusammengelegt und am Rand festgesteppt. Für das Binding, den Rand, schneidet man einen 8 x 59 cm breiten Streifen zurecht, der längs halbiert gebügelt wird. Wie in Abb 1 gezeigt wird der Streifen bis 0,75 mm (also füßchenbreit) vorm Rand angenäht. Den Streifen nach oben klappen (Abb 2) und wieder runter (Abb 3), damit eine saubere Ecke entsteht. Wieder füßchenbreit vom Rand entfernt beginnen, die nächste Seite zu nähen, bis beide Enden eingeschlagen aufeinander stoßen. Das Binding nach hinten klappen und mit der Hand auf der Rückseite festnähen (Abb 4).

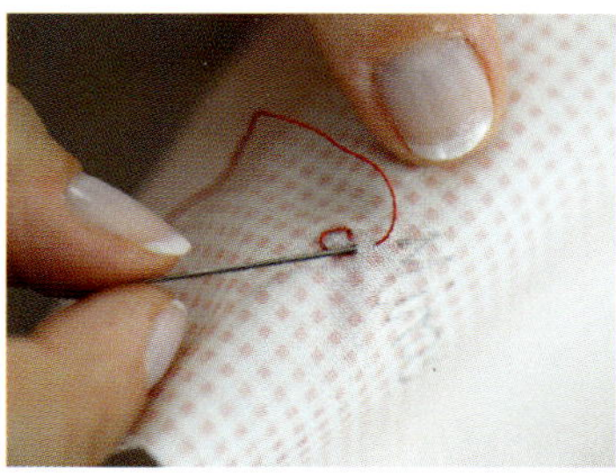

Vorne werden noch kleine **Draht**bögen (je 6 cm) eingesteckt und mit einem Faden, der sich wie eine Schnur über das ganze Bild spannt, punktuell fixiert. Von hinten muss ein Faden angebracht werden, um das Schild an einem weiß lackierten **Küchenrollenhalter** (siehe S. 8) aufzuhängen. Jetzt wird nur noch die **Batterie betriebene Lichterkette** eingelegt: Je zwei Lichtquellen in eine Laterne.

Tischset mit Bestecktasche

Aus verschiedenen **Stoffe**n müssen für ein Tischset zwei 48 x 33 cm große Rechtecke zurecht geschnitten werden. Auf eines näht man eine Bestecktasche. Dafür braucht man ein 13 x 17,5 cm großes Rechteck, das am oberen Rand versäumt wird. Die anderen Seiten werden mit Zick-Zack-Stichen versäubert und eingeschlagen am Tischset festgenäht. Jetzt werden die beiden großen Rechtecke rechts auf rechts zusammengenäht, wobei eine Öffnung zum Wenden gelassen wird. Die Ecken schräg abschneiden, damit sie sich gut ausformen lassen. Die Öffnung wird mit der Hand zugenäht. Den **Draht**bogen (32 cm) in den Stoff einstecken und von innen nach oben biegen. Die Bestecktasche mit einer **Batterie betriebenen Lichterkette** füllen.

Waldrausch

Meine Liebe zum Wald hat in mir mein Vater, der als Kind Förster werden wollte, geweckt. Lauter Schätze lassen sich dort finden, aus denen man schnell eine Tischdekoration zaubern kann. Am liebsten mag ich die Eichenblätter. Hier halten sie auf Holzwäscheklammern geklebt die Servietten wie Bestecktaschen zusammen. Diese dienen auch als Tischkarten, wenn man ein Stück Jute mit dem Namen beschrieben dazwischenklemmt. Aber auch andere Blätter haben ihren Reiz: Das des Frauenmantels legt sich schützend über das Glas und das des Rhabarbers dient als Platzset und seine Stiele lassen sich für die Nachspeise verwerten.

Shakespeare hat mit seinem Schauspiel das Wort Sommernachtstraum so geprägt, dass eine Deko im Stil seines Hauptschauplatzes, dem Wald, in meinen Sommernachtsträumen nicht fehlen darf.

Wie hunderte von Glühwürmchen, die mitfeiern wollen, glitzern die Lichterketten in den Bäumchen, die den Tisch beschützend einrahmen. Die Stämme werden in Blumenkübel oder in mit Sand gefüllte Töpfe gesteckt und eventuell noch an in den Boden gehauenen Pfosten festgebunden.

Belegte Rösti

4 PERSONEN

1,5 kg festkochende Kartoffeln schälen und roh klein hobeln.
4 EL Butter schmelzen. Die Butter und **2 EL Salz** mit den Raspeln vermengen. Ein Viertel der Mischung in eine Pfanne geben und mit einem Teller oder Deckel so abdecken, dass zwischen Rösti und Deckel kein Hohlraum ist. Hitzezufuhr reduzieren und ca. 40 min ohne Wenden weiter braten. Den Rösti auf einen Teller stürzen und warm halten bis alle fertig sind.
100 g Rucola waschen und trocken schleudern, **300 g Schafskäse** würfeln und mit **100 g Serranoschinken** auf den Röstis verteilen.

Durch den kleinen Baumstamm, den man statt Sonnenschirm in den Tisch stellt, kann man auch ohne Baum im Garten unter einem solchen speisen. Eine Lichterkette in den Zweigen verbreitet Stimmung.

Steinpilzsuppe mit Croutons

4 PERSONEN

15 g getrocknete Steinpilze für 10 min in lauwarmen Wasser einweichen. **500 g braune Champignons** säubern und in Stücke schneiden. **1 Zwiebel** klein hacken und in **4 EL Erdnussnöl** glasig braten. Die Champignons dazutun und ca. 7 min dünsten. Steinpilze mit dem Wasser und **1 l Rinderbrühe** dazugeben, zum Kochen bringen und 20 -30 min köcheln lassen. Die Mischung pürieren und **4 EL Creme fraiche** unterrühren. Mit **Salz** und **Pfeffer** abschmecken.
Für die Croutons **2 Scheiben Weißbrot** in kleine Würfel schneiden und in **1 EL Butter** anbraten. Vor dem Anrichten über die Suppe würfeln.

Zu Beginn eines klassischen 3- Gänge- Menüs steht die Suppe. Wenn diese sich dem Ende neigt, darf man inzwischen den Teller leicht nach rechts hinten- weg von sich!- kippen, um sie vollends aus zu löffeln.

Diese rustikale Menükarte kann sowohl auf dem Buffet als auch auf der Tafel oder sogar für jeden Gast einzeln aufgestellt werden.

Rhabarber-Blätterteigtasche

4 PERSONEN

Ungefähr **5 Rhabarberstangen** schälen und klein schneiden. Damit der Rhabarber das pelzige Gefühl verliert, lässt man ihn in 1 l Wasser kurz aufkochen. Das Wasser abgießen und die Würfel mit **100 ml frischem Wasser** zum Kochen bringen und 10 min köcheln. **1/2 Päckchen Vanillesoße** in etwas Flüssigkeit (Wasser oder Fruchtsaft) verrühren und unter die köchelnden Rhabarberstücke rühren. Mit **2 EL Zucker**, **1 Päckchen Vanillezucker** und etwas **Zimt** abschmecken.

Die Masse auf **4 tiefgefrorenen Blätterteigplatten** verteilen. Diese zusammenklappen und mit einer Gabel am Rand festdrücken. Mit **1 Eigelb** bestreichen und ca. 20 min bei 200 °C backen.

Gesteck aus Waldfundstücken

Mit **Hasendraht** befestigt man gewässertes **Steckmoos** auf einer

Holzlatte. Zuerst werden die **Kerzen** gleichmäßig verteilt und dann abwechselnd **Moos**stücke mit **Drahtklammern**, **Blätter**, **Farn** und **kleine Äste** einstecken. Zum Schluss noch einige **Steine** darauf legen.

Tischdeckenbeschwerer

An alte **Gardinenklemmen**, deren Ringe entfernt werden, bindet man mit **Kordel Steine**. Dazwischen kommt ein **Eichenblatt**. Wenn man schon gereifte Blätter verwendet, sehen sie auch getrocknet noch gut aus. Die Steingröße macht man von der Beschaffenheit der Tischdecke abhängig. Bei sehr feinen Stoffen sollte man lieber kleine nehmen.

Einladung einmal anders

In einem kleinen **Jutesäckchen**, vielleicht haben Sie noch eines vom letzten Nikolaustag, werden informative **Steine** gebündelt. Auf jedem der gewaschenen Steine entdeckt der Geladene eine neue Mitteilung. Mit **Bastbändchen** und **Eichenblatt** wird die Botschaft überreicht.

Windlichter

Aus **Jute**, den man z.B. in Sackform für Gartenabfälle bekommt, werden Streifen zurecht geschnitten und um alle möglichen **Gläser**, die man hat, mit einem Stück **Bast** und einem **Blatt** fest gebunden. Je mehr Gläser man mit leuchtenden **Teelichtern** aufstellt, umso stimmungsvoller wirkt es.

Oasen im Alltag

An heißen Sommertagen ist es ein Traum, einen solchen Pool im Garten zu haben. Mitten im Alltag kann man für kurze Zeit abtauchen, was hier meist sehr erfrischend und belebend ist. Oder sich einfach nur hinzusetzen und dabei den Anblick der natürlichen Gestaltung zu genießen, bringt Entspannung. Vor allem nach einem arbeitsreichen Tag fasziniert die Unterwasserbeleuchtung.

Die Brücke verbindet optisch das Flussbett eines kleinen Bachlaufes mit dem nierenförmigen Becken und wird am liebsten als Sprungbrett genutzt. Auf der gegenüberliegenden Seite liegt eine kleine Insel, die von Gräsern, Bambus und Stauden so abgegrenzt ist, dass man sie nur über den Wasserweg erreicht. Sie ist zum Sonnen, Erobern oder Ausruhen ein idealer Platz.

Die Urlaubsatmosphäre beginnt, sobald wir das Törchen zum Poolbereich öffnen. Mal nutzen wir ihn als Spielplatz, mal als Ruhe-Insel, und wie Sie noch sehen werden, immer wieder als Schauplatz für kleine und große Feiern.

Mit exotischer Dekoration fühlen wir uns wie in der Karibik. Ein buntes Blütenmeer berauscht die Sinne und die große Portion Obstsalat und alkoholfreie Drinks finden auch unsere Kinder toll.

Gläser mit Obstsalat

Wie kleine Geschenkverpackungen stehen die umfunktionierten **Windlichter**, die Sie an dieser Stelle nicht das letzte Mal sehen, auf dem Tischchen. Dazu faltet man eine **Serviette** diagonal, um eine möglichst lange Manschette zu erhalten. Die Enden werden unter das Glas gesteckt. Darunter geht es fruchtig zu. Vermischen Sie verschiedene Obstsorten miteinander. Die Süße der Früchte reicht völlig aus. Meine Lieblingskombinationen sind Ananas mit Mango und Nektarine mit Banane. Ein Rezept finden Sie auf Seite 55.

Weil das Auge mitisst, legen Sie oben auf die Serviette ein **Palmenblatt** und eine **Hibiskusblüte.**

Gläserhütchen

Mit einer **Zick-Zack-Schere** schneidet man dreiviertel Kreise aus **buntem Papier** und klebt sie zu kleinen Hütchen zusammen, so dass mittig ein Loch für den **Strohhalm** bleibt. Die Vorlage auf Seite 155 muss eventuell auf Ihre Gläserbreite angepasst werden.

Die **Seidenblumen** werden mit der Heißklebepistole oder Alleskleber befestigt. Jetzt kommen keine Eindringlinge mehr in den Bananen-Kirsch-Saft.

Gefächertes Nest

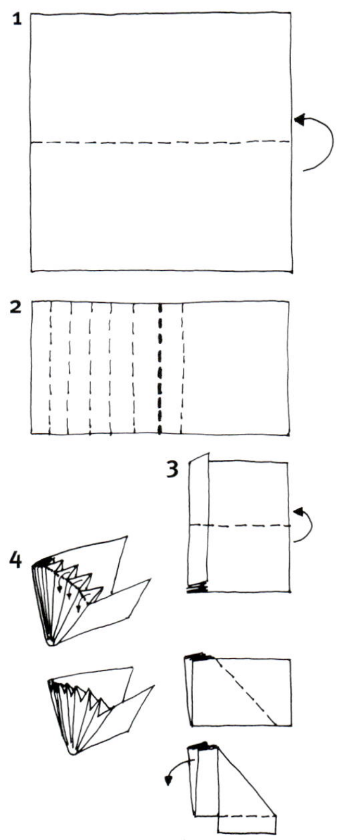

1 Die Serviette halbieren.

2 Die halbierte Serviette sieben bis acht Mal wie eine Ziehharmonika falten, dabei mit einer Faltung über die Mittellinie hinausgehen.

3 In der Mitte brechen, so dass die Faltungen innen liegen.

4 Die Spitzen kann man alternativ auch noch einknicken. Bevor man das hintere Ende diagonal nach unten bricht, faltet man dann in jede Ziehharmonikafalte ein Dreieck.

5 Das überstehende Ende wird unten umgeklappt und gibt somit der Serviette einen guten Stand. Die Ziehharmonikafalten am oberen Ende vorsichtig heraus ziehen.

Gesteck

Eine **Schüssel** wird mit gewässertem **Steckmoos** gefüllt. Bevor man **Kunstblumen** und echte **Blüten** einsteckt, fixiert man eine **für Außen geeignete Lichterkette** mit **Drahtklammern** darin. Diese kann man sich selber aus Draht zurechtbiegen oder schon fertig beim Floristenbedarf kaufen.

Blumenkette

Neben dem Tischläufer reihen sich zwei Blütenketten, die entweder vom letzten Hawaiurlaub noch irgendwo zu finden sind oder Sie nehmen selber **Nadel** und **Faden** zur Hand. Die Blüten von einem **künstlichen Blumenstrauß** pflückt man dann ab und fädelt sie auf.

Erst am Abend fallen die Glühbirnchen der Lichterkette auf, wenn sie ihr Licht zwischen echten und künstlichen Blüten verströmen.

Gartenfest für Apfelkönige

Froh zu sein bedarf es wenig, doch wer froh ist, ist ein König, heißt es in einem alten Lied, dessen Wahrheit sich im Laufe der Zeit nicht im Geringsten verändert hat. Somit werden an diesem Abend alle Könige sein, denn bei dieser frischen Farbkombination kommt gute Laune auf. Im Mittelpunkt stehen die strahlend pinkfarbenen Rosen, um die man grüne Äpfel und kleine Krönchen auf geometrisch gelegten und farblich passenden Servietten verteilt. Das aus Sperrholz gesägte Schild (Vorlage S. 155) wird von hinten mit einer Klammer an einem Stock festgeschraubt und begrüßt die Gäste mit glitzernden Details.

Einladend weist das gekrönte Schild zu dem mit Lichtern und Äpfeln gesäumten Weg und weckt die Vorfreude auf den Abend im Garten.

Apfelfrische Einladung

Aus **grünem Tonpapier** und **Architektenpapier** werden die Äpfel nach den Vorlagen von Seite 154 ausgeschnitten. Den Text schreibt man auf das Architektenpapier, das man beim Schreibwarenbedarf findet. Durch beide sticht man ein Loch und steckt ein Stück **Bast** durch, das zusammengeklebt wie der Stiel aussieht. Um die Farbgestaltung schon den Gästen mit der Einladung zu vermitteln, kann man den Apfel in einem pinkfarbenen Umschlag übergeben.

Teelichter

Mit **Kerzenpen** aus der Bastelabteilung lässt sich Wachs auch malen. Die kleinen Kronen werden auf **Teelichter** um den Docht gemalt. Nach dem Antrocknen tupft man mit der zweiten Farbe in die kugeligen Spitzen kleine Punkte. Fast zu schade zum Anbrennen.

Liebevoll eingepackt eignen sie sich auch gut als kleines Geschenk für Ihre Gäste.

Windfeste Tischdecke

Um eine Tischdecke windfest zu machen, können in die Ecken Dreiecke als Einstecktaschen für **Steine** genäht werden. Die Dreiecke schneidet man aus **Stoff** zurecht. An den langen Schenkeln näht man sie um und legt sie auf die Ecken der Tischdecke. Der Rand der Tischdecke wird jetzt zusammen mit den Dreiecken gesäumt.

Die Krönung

Aus **Toilettenpapierrollen** werden diese kleinen Krönchen gefertigt. Die Vorlage (S.154) wird um die Rolle gelegt und nachgezeichnet. Legt man sie versetzt auf, kann man aus einer Rolle zwei Kronen schneiden. Nach dem Anmalen mit **pinker Farbe** werden **durchsichtige Pailetten** und darauf **grüne Perlen** geklebt. Die Zacken biegt man über einen Finger ziehend nach außen.

Amerikanische Wahlparty

Für eine Feier, deren Deko ich auf die Schnelle planen musste, hing ich diese Girlanden auf. Deren Fähnchen kann man aus mehrfach geschichteten Servietten oder Vliesdecken schneiden (Vorlage S. 154/155). Dann werden sie über eine gespannte Kordel gehängt und festgeklebt. So hat man im Handumdrehen eine beeindruckende Wirkung erzielt. Der Kommentar meines Mannes war dazu: „Sieht aus wie eine amerikanische Wahlparty, aber ganz nett." Deshalb war bei der Planung des Buches dieses Kapitel immer nur das der „Amerikanischen Wahlparty" und ich habe das Thema mit weiteren Accessoires ausgebaut. Zum Beispiel die Mini-Wimpel an den Gläsern: Nicht nur nett anzusehen, sie sind durchaus auch eine Hilfe bei der Wiedererkennung der Gläser. Oder der angemalte Stein, der als Serviettenbeschwerer dient, damit die darunter liegenden Tücher nicht bei dem nächsten Windstoß durch den Garten des Nachbarn tanzen. Weitere Ideen finden Sie auf den nächsten Seiten.

Wenn es einmal schnell gehen muss, kann man allein mit dieser Girlande Partystimmung aufbringen. In diesem Beispiel ist sie in den Farben der amerikanischen Flagge gehalten, aber auch andere Farbkombinationen sehen toll aus.

Gespachteltes

Selbstverständlich gehören auch Sterne zu dieser Deko. Nicht nur wegen der Flagge, sondern auch weil der Himmel durch das Zeltdach nicht zu sehen ist. Dann kann man wenigstens die Sterne auf dem Tisch bewundern, und wenn Teelichter darauf stehen, leuchten sie fast genauso schön.

Aus zeitlichen Gründen kann man die Sterne auf der Decke auch aus Vlies-Servietten schneiden. In diesem Beispiel sind sie aus **MDF-Platten (0,5 mm)** gesägt und mit einem weißen Rand verspachtelt. Diese Technik macht sich auch bei dem Willkommensschild und dem Gedeckanhänger (Vorlage S. 155), den man auch als Tischkarte benutzen kann, sehr gut.

Lassen Sie Ihrer Kreativität freien Lauf und entdecken Sie noch weitere Verwendungsbeispiele, z.B. als Tischdeckenbeschwerer oder als Aufsatz für eine beklebte Thunfischdose, die mit Steckmoos gefüllt einer Stabkerze Halt gibt.

Auf die Ränder der Sterne (Vorlage S. 155) klebt man Klebeband. Mit einem Cutter schneidet man den gewünschten Rand unregelmäßig zurecht und entfernt den äußeren Teil des Klebebandes. Mit einem Messer streicht man die **Strukturpaste** ca. 2 mm dick darüber und zieht, noch bevor die Paste zu trocknen beginnt, die restlichen Klebebandstreifen ab.

Bei dem Willkommensschild (Vorlage S. 154/155) schneidet man die Buchstaben in **Lampenschirmfolie** und spachtelt jeden einzeln ein. Ansonsten verfährt man wie oben beschrieben. Nach dem Trocknen wird alles in den gewünschten **Farben** angemalt.

Neben den Hussen der Bänke haben fast nur Vliesdecken und -servietten aus dem einfachen Zeltpavillon ein Schmuckstück des Gartens gemacht, unter dem es sich fröhlich feiern lässt.

Halbe Rosette am Tisch

Ziehharmonikaartig werden die in Streifen geschnittenen **Vliesdecken oder -servietten** gefaltet und überlappend mit Klebstoff aufeinander geklebt. Während man das blaue Ende zusammenpresst, streicht man es mit Klebstoff ein und zieht die Ziehharmonika auf einer glatten Unterlage zu einem Halbkreis bis der Kleber getrocknet ist. An der oberen Kante der Vliestischdecke werden sie mit **Doppelklebeband** fixiert.

Auf Pfosten gestellt

Die Eckpfeiler des **Pavillon**s werden in **weiß lackierte Teppichrollen** gestülpt. Dadurch wird er optisch aufgewertet. Passend zur Wahlparty macht es sich gut, wenn die Säulen mit Bändern aus **Vliesdecken oder -servietten** schräg umwickelt werden. Dafür klebt man sie oben mit Klebeband fest und dreht sich um den Pfosten, während man das Band gleichmäßig sinken lässt, bis einem schwindelig wird bzw. das Band endet und das nächste angeklebt wird. So fährt man bis zum unteren Ende fort.
Als zusätzlichen Halt sollte man noch **Zeltseile oder Kordel** von den oberen Ecken aus spannen und mit Heringen im Boden verankern.

Blumenfächer

Wie bei der Tischrosette beschrieben wird eine zweifarbige Rosette hergestellt. Der weiße Streifen der Rosette wird von einer **Rosenreihe** gebildet, die man in einen mit gewässertem **Steckmoos** gefüllten **Serviettenständer** steckt. Daran wird die Rosette mit **Doppelklebeband** befestigt.

Durch den imposanten Blick auf den beleuchteten Pool zieht man sich nicht nur bei schlechtem Wetter gerne in den Pavillon zurück.

Sommerliches Refugium

Wenn es abends kühler wird oder sich nicht das gewünschte Wetter zur Feier einstellt, ist es gut einen Raum zum Ausweichen zu haben. Unser Pavillon wäre für Gartengeräte viel zu schade, deshalb nutzen wir ihn lieber als Badehäuschen und als gemütlichen Sitzplatz auch mit Gästen. Dazu steht unter dem Fenster ein kleiner Klapptisch, der bei Bedarf in den Mittelpunkt gerückt wird und an dem man in vertrauter Runde traumhafte Sommerabende verbringen kann. Bei geöffneten Flügeltüren hat man das Gefühl draußen zu sitzen, ist aber im windgeschützten Inneren, bei Regen werden die Türen geschlossen, doch der Blick auf den beleuchteten Pool bleibt auch bei diesem Wetter eindrucksvoll.

Durch die farblich neutrale Einrichtung ist man bei der Dekoration ungebunden und es lassen sich unterschiedlichste Kompositionen zusammenstellen, was Sie im Folgenden noch entdecken werden. Im Allgemeinen zieren Windlichter statt Bilder die Wände. Sie geben das passende Licht zum Träumen. Ansonsten schafft ein alter Kronleuchter, den ich weiß lackiert habe und mit einem Rosmarinzweig, Perle und Band verziert habe, Licht.

Facettenreich

Da im Pavillon mehrere Funktionen vereint werden, brauchten wir zum einen Stauraummöglichkeiten zum anderen Sitzgelegenheiten und Platz für einen Tisch, und dabei sollte noch eine gemütliche Atmosphäre entstehen. Deshalb baute mein Mann die Bänke ein, die hinter den mit Zierleisten verschönerten Frontklappen genug Platz für Poolpflegemittel und Schwimmflossen bieten. Für den guten Sitz darauf sorgen die Kissen, die sich durch vier Knoten vorteilhafter legen lassen. Auch der Schrank verbindet Ästhetik mit Zweckmäßigkeit, denn in den Regalen wird Dekoratives zur Schau gestellt und die Türen verbergen die unattraktiveren Badesachen. Rechts und links neben der Tür geben die Wandhaken in antiker Optik den Bademänteln die Möglichkeit zum Trocknen, und für die Handtücher haben wir einen passenden Handtuchständer gefunden. Mit dieser Grundeinrichtung werden alle Bedürfnisse abgedeckt und es ist ein guter Rahmen für kleine Feierlichkeiten geschaffen worden, bei denen man auch den Blick auf unser schwedisches Holzhaus genießen kann.

Im Pavillon verbindet sich Funktionalität mit Ästhetik, so dass trotz viel Stauraum genug Platz zum Feiern bleibt. Und das in einem Ambiente, das vom Landhausstil geprägt, aber auch für Veränderungen offen ist.

Faszinierende Schönheiten aus Naturpapier

Wie ein zartes Band spannt sich die Reihe aus selbstgefertigten Pappmascheeschälchen über den Tisch. Gefüllt sind sie mit Longdrinkgläsern, in denen ein Teelicht leuchtet und neben denen ein Olivenzweig mediterranen Flair verbreitet. Genauso kann man sie mit kleinen Schüsseln bestücken und darin Dipps, Soßen oder die Nachspeise servieren. Der goldene Streifen über dem zarten Hellblau wirkt äußerst edel, genauso wie die Farbkombination der Serviettengestaltung. Daran ist die fast unscheinbare Tischdecke wesentlich beteiligt, denn gerade durch den dezenten Kontrast kommen die weißen Teller und die feinen Farben besonders zur Geltung. Wer vielleicht von Weihnachten noch goldene Platzteller hat, kann diese hier auch sehr geschmackvoll einsetzen, entweder unter jedem Gedeck oder nur unter einem Servierteller. In diesem Beispiel wird darauf das Brot zur Vorspeise angerichtet. Eigentlich sollte es in gebrochenen Stücken aufgetischt werden, doch ich empfinde die geschnittenen Scheiben als ansehnlicher. Dann werden sie über dem eigens dafür vorgesehenen Brotteller, der links neben den Gabeln steht, mit den Händen in mundgerechte Happen geteilt. Diese werden mit Butter oder Aufstrich bestrichen und zum Mund geführt. Im Süden Europas ist es sogar durchaus üblich, die Saucen mit kleingebrochenem Baguette per Hand oder mit Hilfe einer Gabel aufzutunken. Halten Sie es wie dort, bleibt der Brotteller und das Baguette während der ganzen Mahlzeit am Tisch. In Deutschland wird er förmlicherweise vor der Hauptspeise abgetragen und eventuell durch einen Salatteller ersetzt, falls der Salat als Beilage und nicht als eigenständiger Gang serviert werden soll.

Bei dieser Tischdekoration kombiniert sich eine zarte Meeresbrise gefühlvoll mit mediterranem Flair in formvollendeter Eleganz.

Seezunge mit Mandel-Limettenbutter

4 PERSONEN

4 Seezungen (a 400 - 500 g), die enthäutet und ausgenommen sind, abspülen, trocken tupfen und mit **Salz** und **Pfeffer** bestreuen. In **Öl** von beiden Seiten 4 - 5 min anbraten. Währenddessen **2 EL Mandelblättchen** in **60 g Butter** hellbraun rösten und den **Saft einer Limette** dazugeben. Den Fisch auf Tellern anrichten und einen Teil der Butter darüber verteilen. Dazu passen **Bohnen** und **Reis**, wobei das Gemüse traditionell wie auf einem Ziffernblatt an der 2 angerichtet wird und die Sättigungsbeilage auf der 10 liegt. Wenn Sie kein Fischbesteck haben, setzen sie entweder das Messer schiebend ein oder reichen Sie zwei Gabeln, wobei die linke beim Teilen hilft und die rechte zum Mund führt. Das Fleisch der Seezunge wird zunächst von einer Seite Stück für Stück von den Gräten geschoben und gegessen, bevor man von der anderen Seite genauso verfährt.

Feines Pappmaschee

Über eine **Schale Frischhaltefolie** spannen und mit **Kleister** nach und nach das in kleine Stücke gerissene **Naturpapier** aufkleben und glatt streichen. (Sieht auch mit Butterbrotpapier toll aus, dann allerdings 3 Lagen statt 1 aufkleistern.) In der Mikrowelle kann man sie auf den Kopf gestellt in ca. 2 min trocknen. Die Lampions werden über aufgeblasene **Wasserbomben** und **Luftballons** genauso gefertigt und an der Luft getrocknet, danach die Ballons anstechen und rausziehen. An der Lichterkette nach dem Überstülpen der Lampions zum besseren Halt noch 1- 2 Stücke Naturpapier ankleistern. Die großen Lampions mit einer Nadel anstechen, um sie mit **goldenem Draht** aufhängen zu können. Zum Schluss mit **hellblauer Farbe** anmalen. Der Streifen sieht mit **goldener Acryl-Mattfarbe** am schönsten aus.

Goldstücke

Kaum zu glauben, dass diese eleganten Schriftstücke selbst gemacht sind. Dazu fertigt man aus dem Muster von S. 156 eine Kopiervorlage an und kopiert diese auf ein **hochwertiges Papier**. Die Kopie wird mit **goldenem Blattmetall** belegt und dann durch ein **Tansparent-papier** gebügelt. Durch die Hitze wird der Toner der Kopie klebrig, so dass das Blattmetall daran haftet. Achten Sie darauf, dass alle schwarzen Stellen vom Gold abgedeckt sind, da sonst der Toner über das Transparentpapier oder das Bügeleisen Flecken verursacht. Nach einem kurzen Abkühlen kann man mit einem **Bürstchen** das lose Gold vorsichtig entfernen. Es bleibt das vergoldete Muster übrig. Als Einladung oder Dankeskarte kommt es gut in einem **transparenten Umschlag** zur Geltung. Für die Menükarte faltet man eine Manschette um die Serviette und beschriftet die linke Seite, obgleich nach herkömmlicher Form die Speisen rechts, und wenn, dann nur die Getränke links präsentiert werden. Doch bei der Menükarte kann man aus gestalterischen Gründen von der Norm abweichen, was nicht als stillos, sondern als Zeichen Ihrer Kreativität gedeutet werden kann.

Im Land des Lächelns

In vielen Gärten ist der Bambus sehr beliebt. Sein immergrünes Laub und seine grazilen Blätter machen ihn zur begehrten Sichtschutzbepflanzung. Doch sollte man seine Wurzeln mit einem Pflanzring eingrenzen, denn diese haben enorme Kraft und unglaublichen Ausbreitungsdrang.

Da die Halme des asiatischen Gewächses innen hohl sind, dienen sie für dünnstielige Blumen sogar als Minivasen. Dafür bündelt man sie mit rotem Bast und befüllt sie oberhalb eines Wachstumsknotens mit Wasser, das gegebenenfalls von einer Porzellanschale aufgefangen wird. Ebenso mit Bast zusammengebunden sind die Stäbchenhalter aus drei ca. 9 cm langen Bambusstücken, die traditionell bei einem chinesischen Gedeck rechts neben dem Teller liegen. Dazwischen stehen die Teetassen, für die ich kleinere weiße Blumentöpfe verwendet habe.

Ein Bambus im Garten liefert die Hauptzutat für eine zeitgemäße Tischgestaltung im asiatischen Stil, wodurch fast keine Kosten entstehen. Durch das kontrastreiche Rot werden dabei wirkungsvoll Akzente gesetzt.

An einem Bambusgitter, das aus in Boden gesteckten und dazwischen quergeflochtenen Stäben gebunden wird, hängen kleine Leuchten, die aus rotem Seidenpapier wie die auf Seite 44 hergestellt werden. An diesen werden unten noch kleine aus Bast gebundene Quasten mit Heißkleber befestigt. Dafür wickelt man den Bast mehrfach um die Hand, knotet ihn an einer Seite zusammen und schneidet ihn auf der anderen auf. Dann bindet man ein kleines Köpfchen 1 cm unterhalb des Knotens ab.

Serviettenklammer

Auch in Naturfarben sieht der asiatische Stil toll aus. Ein Kreis aus **Metallfolie** umklemmt die **Serviette**. Mit zwei Schnitten einer dünnen Schere (z.B. Nagelschere) wird eine Lasche für die **Ess-Stäbchen** hergestellt. Diese Variation ist einfach genial.

Menükarte

Ein aus **roter Strohseide** 23 x 12 cm großes Rechteck wird mit Klebstoff an einen 28 cm langen **Bambusstab** geklebt. Dort hinein klebt man ein etwas kleineres **Papier** mit der Menüvorstellung. Nach dem Trocknen rollt man das Papier auf und fixiert es mit einem kleinen **Bastbändchen**. Dann wird noch mit asiatisch wirkender Schrift MENÜ auf die Rolle geschrieben. Von den Gästen dürfen sie dann wieder voller Neugier entrollt werden.

Mit Klarheit im Design bestechen diese Ideen. Die Halme des Bambus werden mit der Gartenschere geschnitten, vom Laub befreit und können gleich weiter verarbeitet werden.

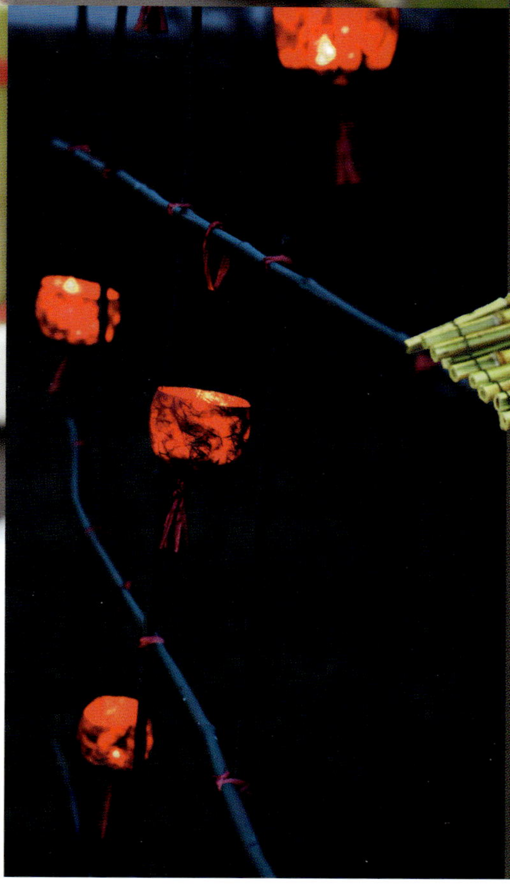

Bilderklemmen

Für die Klammern nehmen Sie ca. 6 cm lange **Bambusstücke mit Wachstumsknoten**. Dieser ist wichtig, da sonst die Halme der Spannung nicht standhalten können und aufbrechen. Mit einem **Cutter** schneidet man einen sehr dünnen Streifen bis zur Verwachsung aus. Darin können dann passende **Fotos** über dem Tisch an einer **Bastschnur** fixiert werden.

Teelichter und Tischläufer

Toilettenpapierrollen malt man mit **grüner Farbe** an und klebt einen Streifen Klebeband von dem äußeren Rand durch die Mitte, so dass ein Teelicht hineinpasst und klebt es auf der gegenüberliegenden Seite wieder an – ebenfalls am äußeren Rand. Um sie herum bindet man mit **rotem Bast** Bambusmatten, die man später auch als Tischläufer auslegen kann. Man benötigt hierfür ca. 24 **Bambusrohre** und verdrahtet sie. Dazu dreht man jeweils einen ca. 1 m langen Draht, den man mittig über dem ersten Röhrchen halbiert, fest und zwar nur mit einer engen Drehung. Dann folgt ein Stäbchen dem anderen, während man den fertigen Teil zwischen den Beinen fixieren kann.

Besiegelte Gastfreundschaft

Wenn es schnell gehen muss, können Sie mit Lack und Siegel, einigen Seidenbändern und Packpapier den Schauplatz für einen exquisiten Abend gestalten. Blumentöpfe und Kerzenhalter werden dabei passend dekoriert, damit sich ein harmonisches Bild von einem Ende der Tafel bis zum anderen ergibt. Die Manschetten aus Packpapier legt man dafür um die Gefäße, klebt sie zusammen und legt die Bänder darum. Um den Lack besser platzieren zu können, hält man die Töpfe beim Versiegeln der Seidenbänder waagerecht. Danach fixiert man die Kerzen mit Kerzenklebepads oder Vogelsand (Spielsand gibt nicht genug Halt) in den Gläsern und stellt die Bäumchen in die Töpfe. Dort müssen evt. die Bänder an der Rückseite festgeklebt werden, damit sie nicht runterrutschen.

Siegellacke gibt es in den unterschiedlichsten Farben. Eingerahmt von zwei Rosmarinbäumchen wird hier alles Ton in Ton gehalten, und damit beginnt ein unvergesslicher Sommernachtstraum im klassischen Stil.

Wenn man die Geladenen zu ihren Plätzen führt, werden sie dort liebevoll von ihrem Namensschild empfangen und eine versiegelte Botschaft um die quergelegte Serviettenrolle verrät die zu erwartenden Köstlichkeiten.

Eindruck hinterlassen

Den **Siegellack** in einem **Tuch** mit hartem Gegenstand zerkleinern, die Stücke in einem altem **Löffel** (pro Farbe einen) über einer **Kerze** verflüssigen und auf gewünschte Stellen gießen. **Siegel** eindrücken bis der Lack erhärtet.

Damit der Siegellack nicht an den Gläsern oder den Menükarten festklebt, legt man unter die betropfte Stelle ein Streifen **feste, glatte Folie**, z.B. Lampenfolie.

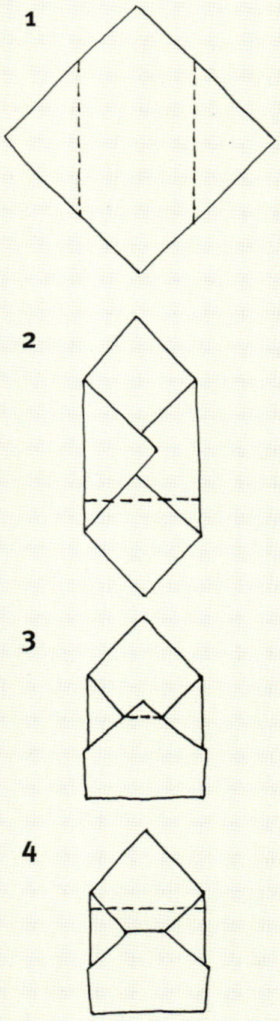

Mit Brief und Siegel

Briefumschläge aus Servietten gefaltet und mit kleinem Nachtisch zum abschließenden Kaffee gefüllt sind bei diesem Thema eine passende Serviettenalternative. Mit den Initialen der Gäste versehen stoßen sie bestimmt auf große Bewunderung.

Wie ein Brief wird eine große (40 x40 cm) **Serviette** nach der Zeichnung gefaltet und mit folgendem Siegel versehen. Initialen auf **Metallfolie** schreiben, nur so stark. dass man sie gerade so auf der Rückseite erkennt. Umdrehen, auf weiche Unterlage legen und die Linien mit **Kuli** fest nachziehen, damit die Buchstaben spiegelverkehrt eingraviert sind. Großzügig ausschneiden und um einen **Korker** kleben.

Jeder Gast fühlt sich willkommen, wenn er sein eigenes Monogramm im Siegel entdeckt

Tomaten-Avocado-Salat

4 PERSONEN

6 Tomaten in Scheiben schneiden, mit **Salz** und **Pfeffer** würzen und dachziegelartig auf den Tellern verteilen. **100 g Rucola** waschen, trockenschleudern und auf den Tomaten anrichten. **1/2 Avocado** vom Kern lösen, Schale abschneiden und das Fleisch in Scheiben schneiden. Mit wenig **Zitrone** und **Pfeffer** das nussige Aroma hervorheben und die Scheiben windmühlenartig auf den Rucola legen. Über alles **Kürbiskernöl** und **Dattelbalsamcreme** tröpfeln. Mit einem Kartoffelschäler frischen **Parmesan** über den Salat hobeln.

Tarte aux volailles

4 PERSONEN

1 Packung tiefgefrorener Blätterteig nach leichtem Antauen überlappend auf einem Blech verteilen und 10 min bei 180 °C anbacken. **400g Hähnchenbrustfilet** ca. 10 min in **1 l Brühe** kochen, herausnehmen, zerkleinern, salzen und pfeffern. **500 g Spargel** schälen und 16 min in Salzwasser kochen. Nach dem Abtropfen kleinschneiden. Tipp: Nehmen Sie grünen und weißen Spargel, der grüne muss nicht geschält werden, nur 12 min kochen und ist etwas herber. Nach der Spargelsaison schmeckt der Kuchen auch mit Dosenspargel. **3 Eier**, **1 Saure Sahne** in einer Schüssel vermischen und Spargel und Hähnchen unterheben. Mit **Salz** und **Pfeffer** und **1 Bund** kleingeschnittener **Petersilie** würzen. Die Masse auf dem Blätterteig verteilen und bei 180 °C ca. 20-30 min backen.

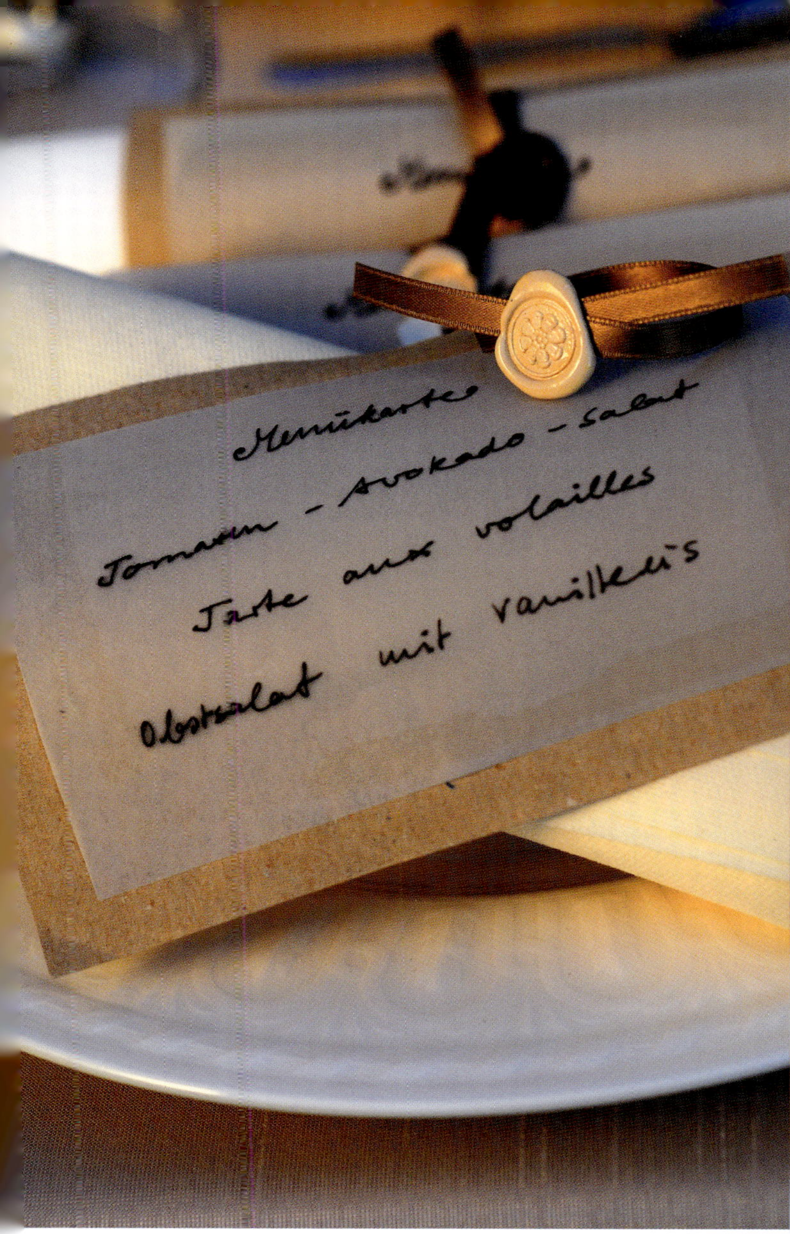

Vanilleeis mit Erdbeersoße auf Obstsalat

4 PERSONEN

100 g Erdbeeren pürieren und mit **2 Päckchen Vanillezucker** süßen. **1 Nektarine**, **1/2 Birne**, **100 g Weintrauben**, **1 Banane**, **1/2 Mango**, **1/2 Apfel**, **1/4 Ananas** kleingeschnitten und vermengt auf den Tellern anrichten. **4 große Vanilleeiskugeln** auf den Obsttellern verteilen. Darüber die abgekühlte Erdbeersoße gießen.

Ich mag es immer sehr gerne, wenn die Farbharmonie der Tischdekoration nicht durch die Speisenzusammenstellung gestört wird, doch bei farblich neutralen Accessoires sind in den Gängen abwechselnde Farben gefragt. Was nach der klassischen Menükunde genauso wie die Abwechslung der Roherzeugnisse, der Zubereitungsarten und der Geschmacksrichtungen ein Muss ist. Die Erdbeersoße bringt nicht nur Farbe auf den Teller sondern wird auch den Gaumen Ihrer Gäste verwöhnen.

Buntes Treiben mit Bast

Eine typische Sommergartenparty wird gerne farbenfroh gestaltet, was Groß und Klein gefällt. Mit 4 Bögen farbigem Geschenkpapier und Bastband, bunten Servietten und Tischdecken schafft man das, ohne sich komplett neu einrichten zu müssen. Dabei werden die vielseitigen Gläser zu Serviettenständern umfunktioniert und Trinkgläser zu Windlichtern. Die Bänder setzen mit Quasten und Blumen spielerisch Akzente.

Eine gute Planung und Organisation einer Feier erleichtert die Vorbereitungen sehr. Spielen Sie in Gedanken alles durch, angefangen von dem Verteilen der Einladungen bis hin zum Verabschieden der Gäste. Dabei achten Sie auch auf Fragen wie: Wohin weichen wir bei schlechtem Wetter aus, ist ein Carport oder ein Zelt vorhanden? Haben wir genug Sitzmöglichkeiten oder müssen welche ausgeliehen werden und bei wem? Reichen die Tische, kann man aus Arbeitsböcken und Platten provisorisch welche zusammenbauen? Sollten Nachbarn informiert werden? Können die eigenen Parkplätze für die Geladenen frei gemacht werden? Ist Betreuung für die kleinen Gäste nötig? Brauchen Sie Hilfe bei der Zubereitung der Speisen, was sehr erleichternd sein kann, wenn Sie wenig Zeit haben? Wie können die Getränke gekühlt werden und wo bringt man sie unter? Ist genügend Geschirr vorhanden oder wo kann man es ausleihen? Wenn Sie alles geklärt haben, stellen Sie einen Zeitplan auf, was wann erledigt werden muss. Dabei ist es eine große Hilfe, dies schriftlich zu tun, damit bei ungeplanten Zwischenvorkommnissen – die meistens auftreten – nichts vergessen geht.

Zeitplan

6 - 2 Wochen vorher

- Gästeliste erstellen
- Ort, Zeit, Rahmen bestimmen
- passende Deko planen
- Wahl der Speisen und Getränke nach den gegebenen Möglichkeiten treffen
- Einladungen aussprechen oder verteilen

Vorwoche

- Deko vorbereiten
- Getränke und haltbare Zutaten besorgen

Vortag

- Frisches einkaufen
- evtl. Speisen vorbereiten
- Getränke kalt stellen

Bis 2 Stunden vor Eintreffen der Gäste

- Wohnung herrichten (Im Gäste-WC sollten ausreichend Papierrollen, Handtücher und Seife vorhanden sein, auch Zahnstocher gehören nur hier her)
- Aufbauen, eindecken und dekorieren
- Zubereitung der Speisen

1 Stunde vor Eintreffen der Gäste

- sich umziehen und frisch machen

Auf die Minute

- entspannt die Gäste begrüßen

Ob Quasten oder Blumen, die farbenfrohen Bastbänder bringen mit ihren fröhlichen Farben gute Laune für das Fest.

Verhüllt

Einfache **Trinkgläser** werden verwandelt, was den Vorteil hat, dass es günstiger ist, als neue Windlichter zu kaufen und außerdem muss man sich keine Gedanken um die Lagerung der Neuanschaffung machen. Aus den Papieren schneidet man Rechtecke, deren Größe sich nach den Gläsern richtet. Das Glas wird in die Mitte der Manschette gelegt und umwickelt. Das **Papier** zusammenkleben und mit dem **Bastband** und einer Quaste umknoten. Auf der Rückseite das Band etwas ankleben, damit es nicht rutscht. Mit **Teelichtern** oder **Wiesenblumen** füllen.

Quasten

Die selbstgemachten Quasten sind vielseitig: Als Anhänger zieren sie Vasen, Windlichter oder Servietten, über eine Lichterkette gebunden bringen sie sogar Farbe in die Dunkelheit oder mit Murmeln im Kopf werden sie gewichtige Partner der Tischdecke.

Die gebündelten **Bänder** werden ein bis dreimal um die Hand gebunden, an einer Seite zusammengeknotet und auf der anderen aufgeschnitten. Dann bindet man ein kleines Köpfchen unterhalb des Knotens ab. Bei der **Lichterkette** bindet man das Köpfchen um ein Lämpchen ab. Und für die Tischdeckenbeschwerer werden große **Murmeln** in den Kopf gebunden. An lange Bänder geknotet, die über dem Tisch gekreuzt liegen, geben sie der Decke Halt.

1

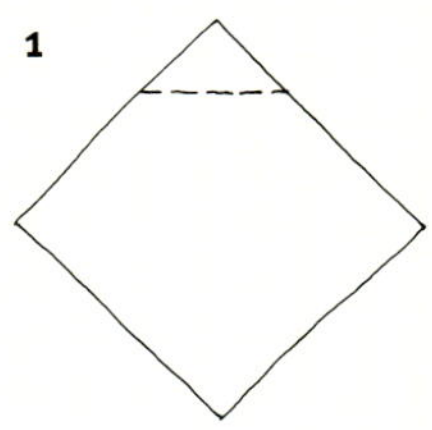

2

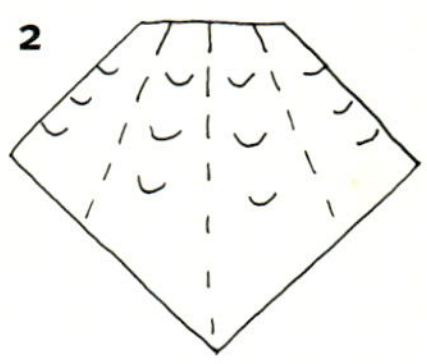

Gefaltetes Ornament

1 Ein kleines Dreieck an einer der Ecken nach hinten falten.

2 Über die Finger die Serviette in drei Wellen formen und ca. 6 cm vom Rand entfernt mit einem Band zusammenknoten.

Dieser Auflauf ist eine ideale Speise für Gartenfeste. Man kann ihn gut vorbereiten und während er im Ofen gart, ist noch Zeit für letzte Vorbereitungen. Zu seinem würzigen Aroma passen frische Blattsalate, die kurz vor dem Genuss angemacht werden.

Für die Gäste

Blumige Grüße von der Einladung bis zum Gastgeschenk! Die aus Schleifen gebundenen Blumen blühen auf kleinen Geschenken und Karten, die als Einladungen, Danksagungen oder Menükarten zu nutzen sind. Die Enden der Schleife aus **Bast** werden mit Kleber oder **Siegellack** und **Siegel** (siehe S. 52) mittig fixiert.
Für die Schachteln falten Sie bei einem 13 x 13 cm großem **Papier**quadrat alle Ecken aufeinander, sowohl diagonal als auch gerade. Danach werden alle vier Ecken in den Mittelpunkt gefaltet. Jetzt falten Sie alle Seiten nacheinander zur Mittellinie und öffnen alles wieder. Zwei gegenüberliegende Ecken sollen sich im Mittelpunkt treffen. Wie auf dem Foto gezeigt werden die Seiten eingeschlagen und hochgestellt, dann muss die Ecke in den Mittelpunkt gelegt werden. Genauso von der anderen Seite verfahren. Für den Deckel das Quadrat um jeweils 1 cm vergrößern.

Nudelauflauf mit Parmesan

6 PERSONEN

250 g Tagliatelle im Salzwasser bissfest kochen. **500 g Putenbrustfilet** in Streifen schneiden und in **1- 2 EL Öl** anbraten. Mit **Salz**, **Pfeffer** und **edelsüßem Paprika** würzen. **250 g Zucchini** und **250 g** geschälten **Karotten** kleinschneiden und 5 min in Salzwasser kochen. Mit den Nudeln und dem Fleisch vermischen und in eine Auflaufform geben. **100 ml Milch**, **3 Eier**, **1 Becher Schmand**, **2** zerdrückte **Knoblauchzehen**, einige in Streifen geschnittene **Salbeiblättchen** und **40 g geriebenen Parmesankäse** miteinander verrühren und über den Auflauf gießen. Über alles **100 g geraspelten Käse** bestreuen und bei ca. 180 g 30- 40 min backen.

Zu dem Fest der hellsten Nacht gehört ein Mittsommerbaum. Wenn man im Pavillon auch nicht um ihn tanzen kann wie es die Schweden um ihre Majstången tun, lassen sich auch bei diesem kleinen Exemplar beschwingte Stunden erleben.

Mittsommer-Party

In Schweden ist es nach Weihnachten das wichtigste Fest im Jahr, das mit Freunden und Verwandten bis weit in die längste Nacht des Jahres hinein gefeiert wird: Midsommar, das Fest der Sommersonnenwende. An dem Mittsommerabend, dem Freitag, der diesem Ereignis am nächsten liegt, beginnen die Feiern, die am darauffolgenden Mittsommertag ihren Höhepunkt finden. Es wird ein Mittsommerbaum aufgestellt, der mit Blumen und Blättern geschmückt wird. Je nach Gegend variiert er im Aussehen. Mit einem weißlackierten Küchenpapierhalter (siehe S. 8) können Sie sich ein Miniformat aufstellen und ihre eigene Gestaltungstradition entwickeln. Bänder und Schleifen verbreiten eine typisch skandinavische Leichtigkeit. Und die kleinen Gläser, deren Drahtaufhängung schnell zurechtgebogen ist, lassen sich mit kleinsten Blumensträußchen oder Teelichtern füllen. Dabei sollten Sie wegen Brandgefahr auf ausreichend Abstand zu dem Buchsbaumkränzchen achten. Die kleinen Zweige werden um einen Metallring dachziegelartig mit grünem Draht gebunden.

Nach alter Gewohnheit werden beim Essen immer Jungkartoffeln, Hering, Knäckebrot, Sauerrahm, Schnittlauch und Käse gereicht. Eine raffinierte Ergänzung oder gar einen Ersatz bieten die kleinen Croustades, die nach Belieben warm oder kalt gefüllt werden können.

Selbst wenn der Abwasch gemacht und gekehrt werden muss, wird man von einer romantischen Leichtigkeit begleitet, die für den skandinavischen Stil typisch ist. So träumen die Gedanken noch von dem Erlebten und die Arbeit geht einem leicht von der Hand.

Serviettentechnik

Die romantischen Servietten lassen sich auch als Tischsets einsetzen, aber schneidet man ihre Motive aus und klebt diese auf verschiedenste Gegenstände, sind ihre Einsatzmöglichkeiten unzählbar. Dazu werden die Motive am besten mit einer Nagelschere ausgeschnitten. Man muss die beiden unteren Lagen der **Serviette** lösen und klebt die bedruckte Lage auf die mit **Serviettenkleber** eingepinselte Stelle. Mit dem getränkten Pinsel streicht man sie dann noch glatt. Die verschiedenen Rohlinge (**Brettchen**, **Drehteller**, **Holzserviettenringe**, **Spülbürstchen** oder **Besen**) werden zuvor mit **Farbe** lackiert und mit Hilfe eines **Nagelkopfes** betupft. Durch die vielfältigen Variationen kann z. B. für jedes Familienmitglied ein individueller Serviettenring hergestellt werden. Auch kleinste Motive kommen mit dieser Technik groß raus, wie schon bei den Essens-Schildern zu sehen war.

Tolle Töpfe

Konservendosen leisten als Vasen, Blumentöpfe, Servietten- oder Besteckhalter gute Dienste. Sie werden mit weißem oder hellblauem **Lack** gestrichen und mit einer Manschette beklebt. Diese kann aus **Papier** sein und mit einem **Nagel**kopf betupft werden oder aus der **Serviette** zurechtgeschnitten werden.

Leuchtende Rosen

Bügel und **Wäscheklammern** werden mit Lack in sehr hellen Farbtönen gestrichen. Nach dem Trocknen klebt man die verzierten Wäscheklammern auf den Bügel. Die Rosenblüten grob aus der **Serviette** schneiden und die oberste der drei Serviettenlagen ablösen. **Lampenfolie** mit **Serviettenkleber**

bestreichen und die Blüten darauf legen, mit dem getränkten Pinsel werden sie glatt gestrichen. Wenn sie getrocknet sind, schneidet man sie aus und knotet sie mit Nadel und Faden oberhalb eines Lämpchens der **Lichterkette** an.

Die Tischdecke fest im Griff

Hierfür verwenden Sie den **Serviettenkleber für Stoff** und verfahren ansonsten genauso wie bei den anderen Teilen. Der Vorteil bei dieser **Serviette** ist, dass die Rosen auch spiegelverkehrt abgedruckt sind und so Vorder- und Rückseite übereinstimmen. Die Rosen werden großzügig aus dem **Stoff** geschnitten und rechts auf rechts zusammen genäht, wobei eine Öffnung zum Wenden gelassen wird. Nach dem Wenden die Rose mit **Bleiband** oder Sand füllen und zunähen. Dann werden sie mit einigen Stichen an **Gardinenklemmen** deren Ring entfernt wurde, genäht.

Zum Nachtisch unter den Sternenhimmel

Sterne beobachten, Sternbilder suchen und auf Sternschnuppen warten begeistert nicht nur Kinder. Ziehen Sie doch deshalb zur Nachspeise einmal auf die Wiese und bestaunen im Liegen die unendliche Größe des Universums. Dagegen fühlt man sich so unbedeutend und gering, doch erkennt man die Hand des Schöpfers darin, entdeckt man seine überwältigende Macht und kommt ins Staunen, dass man von diesem Gott so unendlich geliebt ist. Das lässt einem warm ums Herz werden....., auch wenn der Boden langsam abkühlt. Außer Decken und Kissen können Sie mit einem selbstgebauten Spiegeltablett alles Nötige transportieren und haben durch den angebrachten Beutel einen

Tisch, der Unebenheiten ausgleicht. Darauf ist alles in den Farben der Nacht gedeckt. Die passende Serviette wird als Schlaufe um die Karaffe gelegt, ineinander gesteckt und mit einem Tropfen Klebstoff festgeklebt, somit dient sie als Tropfschutz und sieht vor allem dekorativ aus.

Es glänzt und spiegelt zwischen barocken Mustern, doch die schönste Aussicht offenbart sich bei klarer Sicht am Firmament, wo unzählige Sterne glitzern. Welch ein bewegender Moment, in dem man sich der Schöpfungsmacht gegenübergestellt sieht.

Das ist ja Spitze

Um **Glasschalen** wird mit schmalem und durchsichtigem **Doppelklebeband schwarze Spitze** angeklebt. Das ist zwar nicht spülmaschinenfest, aber die Wirkung rechtfertigt den geringen Aufwand. Das **Windlicht** stellt man in eine flache, breitere Schale, die mit Wasser gefüllt ist und mit Blumen bestückt wird. Mit schwarzer **Kerze** und weißen **Blüten** sieht das Arrangement zu der dunklen Spitze am besten aus.

Sternenspiegel

Je nach Größe des Spiegels brauchen sie ein Stück **Stoff**, das 40- 50 cm größer ist als dieser. Alle 4 Ecken nähen Sie wie im Bild gezeigt bogenförmig ab, schneiden die Nahtzugabe ab und versäubern sie mit Zick-Zack-Stichen. Den oberen Rand eingeschlagen am **Spiegel** mit einem **Tacker** festtackern, dabei eine Öffnung zum Befüllen lassen. Aus einem Blatt

Papier formt man sich einen Trichter und befüllt den Beutel mit **Styroporkügelchen** bis er mäßig prall gefüllt ist. Zum Schluss wird er vollends zugetackert.

Trauben-Stracciatella-Creme

4 PERSONEN

200 g Sahne mit **1 Päckchen Vanillezucker** steif schlagen. Von **1/2 Packung Mohrenköpfe** die Waffeln entfernen und mit **500 g Magerquark** verrühren. Sahne unterheben. **200 g dunkle Weintrauben** halbieren und entkernen. Die Hälfte unter, die andere Hälfte auf die Creme legen. Schneller geht es kaum; schmeckt auch mit Heidelbeeren oder Kirschen wunderbar!

Das ist meine liebste Kulisse für meine Sommernachtsträume. Unter Sternschnuppen und zwischen Glühwürmchen kann ich mit Abstand vom Alltag manches aus einem ganz anderen Blickwinkel betrachten, so dass sich mein Horizont erweitert und sich mir neue Träume öffnen.

Stilvoll gebettet

Für ein 40 x 40 cm großes Kissen schneiden Sie ein 95 x 43 cm großes Stoffrechteck aus. Die kurzen Seiten vernähen. Wie auf dem Foto gezeigt den **Stoff** einschlagen und an den Seiten zusammennähen. Falls man Stoffstreifen ein- oder aufsetzen möchte, macht man das bevor man die Seitennähte zusammennäht, damit sie mit genäht werden können. Die **Kordeln** werden nach dem Wenden per Hand aufgenäht und zwar in jeder zweiten oder dritten Einkerbung, so bleibt die Naht fast unsichtbar. Die runden Kissen haben einen Durchmesser von 55 cm. Sie werden rechts auf rechts bis auf eine Öffnung zum Wenden genäht. Nach dem Wenden mit **Füllmaterial** stopfen und mit Nadel und Faden schließen.

Stilvolle Kontraste

Gewagte Farbkombinationen lassen sich gerne mal ausprobieren, wenn man mit vorhandenen oder preisgünstigen Utensilien arbeiten kann. Deshalb stellte ich verschiedene Weingläser als Windlichter zwischen Sanddornbeeren und Hortensienblüten aus dem Garten. Werden letztere am Ende des Sommers geschnitten, brauchen sie kein Wasser und lassen sich gut trocknen. Für Schnittblumen, die auf Wasser nicht verzichten können, stellt man die Gläser in Blumentöpfe und steckt die Blüten daneben. Die Teelichter greifen das Farbspiel genauso auf wie die Schleifen an den Gläsern und das Arrangement auf den Tellern. Doch bevor die Besucher die Tafel bewundern, werden sie zunächst mit einem Aperitif empfangen. Bei der Begrüßung und der Zusammenführung der Gäste können einige Regeln hilfreich sein, die ganz im Sinne des Freiherrn von Knigge sind. Diesem lag weniger an Tischmanieren als daran, jedem Menschen gleichermaßen respektvoll und freundlich zu begegnen.

Lichterspiele um und auf dem Tisch sind wertvolle Begleiter für träumerische Sommernächte. Die anderen Accessoires lassen sich mit einfachen Mitteln zusammenstellen.

Begrüßen und Vorfreude wecken

Zur Begrüßung sollten Sie den Geladenen entgegen gehen. Wer am Gartentor oder gar am Parkplatz empfangen wird, erfährt mehr Wertschätzung als der, der seinen Weg alleine in den Garten findet. Das gilt genauso für den Rückweg. Auf alle Fälle werden alle Besucher an der gleichen Stelle begrüßt. Dazu reicht der Gastgeber die Hand. Falls mehrere zeitgleich eintreffen gilt folgendes: Ältere Personen haben vor den Jüngeren und Damen vor Herren den Vortritt. Falls eine Person jemand Unbekannten mitbringt, wird der Bekannte zuerst begrüßt, der dann seinen Partner vorstellen sollte. Versammeln Sie Ihre Gäste im Stehen und führen sie lockere Gespräche. Die Dazugekommenen werden den Anwesenden bekannt gemacht und anschließend umgekehrt. Wenn alle eingetroffen sind, ist es Zeit für den Aperitif, der den Magen für das Essen öffnet. Dazu kann in der Runde ein Schaumwein entkorkt und jedem ein gefülltes Glas gereicht werden. Bei größeren Versammlungen bereiten Sie Gläser auf einem Tablett vor. Statt Schaumwein eignen sich auch Cocktails oder Sherry. Selbstverständlich bieten Sie abstinenten Personen auch Wasser oder andere Getränke ohne Alkohol an, die pikant oder bitter, nicht süß sind. Der Gastgeber hebt sein Glas und wünscht „Zum

Wohl(e)", blickt in die Runde und trinkt dann gleichzeitig mit den Gästen. Das Anstoßen geschieht nur bei besonderen Anlässen in kleinem Kreis mit Blickkontakt. Wer möchte kann an dieser Stelle eine Begrüßungsrede halten. Zu dem Aperitif reicht man Appetithäppchen, auch amuse-gueule genannt, die als Appetitanreger dienen. Es sind mundgerechte, pikante Speisen, die höchstens einmal abgebissen werden müssen. Da sie nicht zum satt werden dienen, reicht man ca. 3-4 Stück pro Person. Denken Sie an Servietten und Stellfläche, auch an Ablageteller für Sticks oder Olivenkerne, je nachdem was Sie servieren. In dieser Zeit können auch mitgebrachte Geschenke ausgepackt werden.

Wenn zum Tisch gebeten wird, lässt man die Gläser stehen, worauf Sie als Gastgeber zur Sicherheit nochmals hinweisen können.

Planen Sie ca. eine halbe Stunde für diesen Teil des Abends ein. In dieser Zeit werden durch das Begrüßen, Vorstellen, Zuprosten und den Ortswechsel in einem geordneten Chaos Gäste zusammengeführt und auf den Abend vorbereitet.

Pikante Blätterteigschnecken

UNGEFÄHR 100 STÜCK

Verrühren Sie **4 EL Bruschettapulver** mit **8 EL Wasser** und **1 EL Olivenöl**. Diese Mischung wird auf **10 Platten Blätterteig**, die leicht angetaut sind, gestrichen. Diese rollt man zusammen und schneidet sie ganz vorsichtig in Scheiben. Die entstandenen Schnecken werden bei 200 °C 15 min lang gebacken.

Stehtisch

Eine Platz sparende Variante ist dieser Stehtisch, den man schnell an einen **Sonnenschirm** bauen kann. Ein perfekter Treffpunkt zum Zusammenführen der Gäste. In die Mitte einer runden **Holzplatte** und in einen kleinen **Holzbalken** wird ein Loch gesägt, das so groß wie der Sonnenschirmstab ist. Auf diesen steckt man die Bretter und schraubt zunächst den Balken am Sonnenschirm, dann den Balken an der Platte fest. Farblich passend kann der Rand mit einem **Seidenband** umspannt werden.

Ausklang mit Genuss

Zum Abschluss bieten Sie Ihrem Besuch einen Digestif (z.B. Cognac, Whisky, Grappa oder Magenbitter) an und dazu oder danach einen Kaffee zur Verdauungshilfe, weshalb er nicht zu milchhaltig sein darf. Bei Tee denken Sie an Ablageteller für den Beutel. Das Ensemble der Tasse und Untertasse wird immer als Ganzes gereicht und in Abwesenheit der Gäste befüllt. Einen Kaffeelöffel legt man nach dem leisen Umrühren ohne Ausflug zum Mund auf den Tellerrand. Kleine Gebäckstückchen oder Pralinen sollten nicht fehlen, wenn Sie so den Abend langsam ausklingen lassen.

Mango-Risotto mit Garnelen

6 PERSONEN

5 Schalotten schneiden, **1 Knoblauchzehe** zerdrücken und in **3 EL Olivenöl** 2- 3 min anbraten. **450 g Risottoreis** darin glasig braten. **3 rote Paprika** und **1 Mango** würfeln und dazugeben. Mit **200 ml Weißwein** löschen. **3 EL Tomatenmark** unterrühren. In den nächsten 20 min **1 1/2 l Brühe**, in der **1 Messerspitze Safranpulver** aufgelöst wird, nach und nach dazu gießen. Mit **Pfeffer** und **Salz** würzen. **300 g Garnelen** 4- 5 min in **2 EL Öl** anbraten und unter das Reisgericht heben.

Menükarte

Auf einer hellblauen Serviette wird die Menükarte festgeklemmt. Sie ist in klassischer Form – nämlich zentriert – geschrieben und mit Namen versehen, weshalb sie gerne als Erinnerung mitgenommen wird. Man sollte sie auch mit Datum und Anlass versehen. Nach moderner Form kann man sie auch linksbündig beschriften. Achten Sie auf eine verständliche Ausdrucksweise und setzen Sie Anführungszeichen nur bei Fantasienamen. Gibt man die Weine an, werden sie auf der Höhe der Speisen angegeben, zu denen sie erstmalig serviert werden. Die gastronomisch korrekte Reihenfolge der Bestandteile des Hauptganges beginnt mit dem Fleisch und der Soße, es folgt das Gemüse, dann die Sättigungsbeilage. Wird das Gemüse durch Salat ersetzt, bildet dieser den Abschluss.

Verpackt

Als dekorativer Insektenschutz dienen diese Organzabeutel. Nehmen Sie ein langes und schmales Rechteck **Organzastoff** und halbieren es in der Mitte. Nähen Sie die Seitennähte zusammen, wenden Sie den Beutel und vernähen den oberen Rand. So entsteht unter dem **Glas** keine Naht und es kann sicher stehen. Mit einem **Seidenband** wird das Säckchen um den **Strohhalm** zugebunden.

Blütenklemme

Die **Wäscheklammern** werden mit **Farbe** angemalt. Vorne bringt man einen Tupfer Heißkleber an und klebt 5 ovale **Perlen** zu einer Blüte. In ihre Mitte wird nochmals Heißkleber getupft und kleine Perlen aufgestreut. Diese Blüte hält so manchem Windstoß stand.

Kleiner Gruß

Liebevoll eingepackte **Schokoladentäfelchen** ergänzen die Menükarte. Zum Einbinden nimmt man breite **Seidenbänder** und bindet es mit dünnen zusammen. Für das Blümchen werden auf einen Tropfen Klebstoff einige **Perlen** zu einer Blüte gelegt. Dabei kann eine Pinzette oder ein Zahnstocher behilflich sein.

Girlande

Bei außergewöhnlichen Farbzusammenstellungen wird es schwer, passende Girlanden zu finden, deshalb fertigt man sie einfach selbst.

Es braucht etwas Zeit, ist aber sehr einfach. Schneiden Sie Kreise mit 5,5 cm Durchmesser aus hellblauem und orangefarbigem **Papier** aus. Die Kreise werden dreimal halbiert, danach immer abwechselnd von der rechten und der linken Seite bogenförmig eingeschnitten, insgesamt 6 mal. Nach dem Aufklappen klebt man immer zwei einer Farbe an den im Bild gezeigten Stellen des äußeren Randes punktuell zusammen. Diese Paare werden in der Mitte der Kreise farblich abwechselnd aneinander geklebt.

Mit einem Hauch von Gold

Die hellen Farben von Geschirr und Tischdecke wirken sehr fein und edel, was durch das Gold auf den Blättern unterstützt wird. Dazu kommt eine reizvolle Natürlichkeit, die das durchschimmernde Grün mit sich bringt. Von oben und unten rahmt es mit Girlanden den Schauplatz ein. An der Tischdecke werden die zusammengetackerten Blätterbögen mit Gold lackierten Reißzwecken befestigt, was auch als Windschutz dient. Von der Markise leuchtet die Lichterkette, an der die Blätter mit Draht gebunden wurden. Dazwischen reihen sich auf dem Mittelband, das man sich aus weißer Vliesdecke schneiden kann, kleine Bäumchen, Kerzenlichter und Menükarten.

Bei dem Anblick der goldbehauchten Blätter, könnte man vermuten, dass sie aus einem Märchenland mitgebracht wurden oder Elbenhände den Tisch eindeckten.

Gekonnt eingedeckt

Die Tischwäsche bildet den Anfang des Eindeckens. Seitlich sollte sie ca. 25- 30 cm überhängen und möglichst nicht die Sitzflächen berühren. Wenn Sie Ihre Tischdecken nach dem Bügeln 2 x längs und dann 2 x quer falten, sind immer gleichmäßige und möglichst wenige Brüche in ihr. Der Mittelbruch muss mit der Tischmitte übereinstimmen. Bei einer langen Tafel decken Sie die Decken überlappend ein, dabei beginnen Sie mit der, die am entferntesten von der Tür liegt und achten darauf, dass die Falten miteinander übereinstimmen.

Bei dem Gedeck, auch Couvert genannt, gibt es sehr viele Möglichkeiten einzudecken. Wie es sich letztendlich zusammensetzt, ist von dem Menü abhängig. Die Mittelpunkte zweier Gedecke sollten ca. 70- 80 cm entfernt sein. Der Teller für die Hauptspeise oder der Platzteller macht den Anfang. Wenn Sie keine Platzteller decken und die Hauptspeise auf Tellern serviert wird, steht hier nur die Serviette.

Das Besteck wird von innen nach außen gedeckt und genau umgekehrt benutzt. Seine Enden bilden mit dem unteren Tellerrand eine Linie. Das Messer für den Hauptgang ist das Richtmesser. Über ihm steht das Richtglas, in dem das Getränk der Hauptspeise serviert wird. Nach außen werden die Gläser und Bestecke der vorangehenden Speisen platziert. Links des Richtglases steht eines, wenn Sie zum Beispiel zum Hauptgang Weißwein und zum Käse Rotwein reichen.

Elbenhafte Zweige

Die **Lorbeerblätter** werden mit **Goldbronze** bepinselt. Damit noch ihre Struktur zu sehen bleibt, gibt es einen Trick: Die Bronze darf nicht komplett verrührt werden. Für die richtige Mischung sind einige Versuche nötig. Eventuell die äußeren Ränder mit dem Konzentrat, das am Rührstab hängen bleibt, seitlich nachziehen. Die Blätter werden mit **goldenem Draht** an Gold bemalten **Ästen** befestigt. Diese steckt man in **Steckmoos**, das mit **Vogelsand** abdeckt wird. Die **Gläser** ummantelt man mit passender Manschette aus der **Vliesdecke**. Für den Kranz bindet man die Lorbeerzweige um einen großen **Drahtring**, bevor man sie anmalt. Nach dem Trocknen klemmt man **Weihnachtsbaumkerzenhalter** an und hängt den Kranz auf. Die verwendeten Blätter dürfen nicht zu jung sein, sonst verwelken sie und werden braun.

Dabei können die Gläser der Größe nach in einer Reihe stehen oder versetzt. Das Wasserglas steht dann vor den Weingläsern. Links werden höchstens drei Gabeln, rechts vier Besteckteile und vier Gläser gedeckt.

Beispiel eines 3-Gänge-Menüs
(Suppe mit Brot und Butter,
Hauptgang, Dessert, Getränke:
Wasser und Wein zu allem)

Beispiel eines 8-Gänge-Menüs
(kalte Vorspeise mit Brot und Butter, Suppe,
Salat- kleines Besteck wird nachgedeckt,
Fischgericht, Sorbet- Löffel wird mitgereicht,
Fleischgericht, Dessert, Käse,
Getränke: Wasser, Weißwein
zur Vorspeise, anderer Weißwein
zum Fisch, Rotwein zum Käse)

Nach den Couverts wird die Tischdekoration eingerichtet. Salz darf von Beginn an auf dem Tisch stehen. Andere Gewürze reichen Sie bei Bedarf nach. Wenn Sie vor und zu der Vorspeise Brot mit Butter servieren, ist es eine Erleichterung, sie schon vor der Ankunft der Gäste zu decken.

Die klassische Lilie

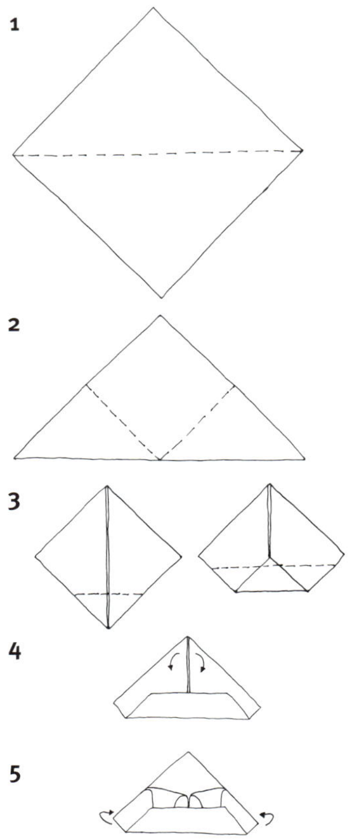

1 Die geöffnete Serviette diagonal halbieren.
2 Die äußeren Ecken auf die obere legen.
3 Die untere Ecke zweimal einschlagen.
4 Die beiden vorderen Blätter bogenförmig unter die entstandene Manschette legen.
5 Die Manschette hinten ineinander stecken. Zum Schluss ein Goldblatt mit Namen beschriften und vorne einschieben.
Es ist meine Lieblingsfaltung bei Stoffservietten, weil sie so fein, lieblich und so edel anmutet.

Mit Gästen speisen

Nach dem Aperitif führen Sie Ihre Gäste zum Tisch und weisen ihnen die Plätze zu. Wenn alle sitzen, startet der Gastgeber, indem er seine Serviette auf den Schoß legt. Dann beginnt sein Partner mit dem Verteilen der Getränke. Dabei achtet er auf Folgendes: Im Uhrzeigersinn geht er um die Tafel, da er von rechts einschenkt– natürlich zunächst den Gästen: Ehrengästen als erstes, Damen vor Herren und Älteren vor Jüngeren. Dazu bleiben die Gläser in der Regel stehen. Währenddessen ist es den Gästen erlaubt, sich gegenseitig aus den Wasserkaraffen, die auf dem Tisch stehen, einzuschenken. Wer auf Alkohol verzichtet, trinkt sein Wasser aus einem Weinglas. Sind alle mit Getränken versorgt und der Lippenstift im Inneren der Serviette abgetupft, erhebt einer der Gastgeber sein Glas am Stiel, wünscht mit Blickkontakt zu den Gästen „Zum Wohl" und trinkt. Die Besucher machen es alsdann genauso. Nach einem weiteren Blick in die Runde werden die Gläser abgestellt. Wenn bei besonderen Anlässen angestoßen wird, darf man inzwischen auch mit Wasser in den Weingläsern mitklingen.

Jetzt ist die Mahlzeit eröffnet. Die Gäste können mit Brot und Butter beginnen, während der Koch seine Serviette links neben dem Couvert ablegt– wie man es bei Unterbrechungen und am Ende des Menüs zu tun pflegt–, um die Vorspeise aufzutischen. Sind alle bewirtet, nehmen Sie das Besteck in die Hand und blicken in die Runde. Nach der Etikette verzichtet man auf ein „Guten Appetit", doch manch einer empfindet das Ausbleiben als unhöflicher, deshalb entscheiden Sie, wann es doch angebracht ist. Dann beginnen Sie mit dem ersten Bissen und die Gäste werden es Ihnen nachmachen.

Bei den folgenden Gesprächen legen Sie das Besteck nur für längere Wortwechsel wie die Zeiger von 20: 20 Uhr auf dem Teller ab. Wenn

man immer nur kleine Stücke speist, erspart man seinem Gegenüber lange Wartezeiten bis man den Mund zum Sprechen leer hat. Richten Sie Ihr Esstempo nach dem langsamsten Gast.

Einige Minuten, nachdem alle ihr Besteck auf 16. 20 Uhr gelegt haben, um damit zu signalisieren, dass sie den Gang beendet haben, können Sie abräumen: Was mittig und rechts des Couverts steht, wird von rechts abgeräumt, die links davon liegenden Teile von links – bei letzterem geht man gegen den Uhrzeigersinn um den Tisch. Diese Regel gilt auch für das Nachdecken. Wassergläser bleiben stehen, ansonsten werden auch Gläser mit Resten nach ihrem zugehörigen Gang abgedeckt.

Bis zur nächsten Speise sollten ca. 15 min liegen. Speisen, die von einer Platte verteilt werden oder zum Abnehmen gehalten werden, bietet man auch von links an im Gegensatz zu angerichteten Tellern. Ein eventuell vorhandener Platzteller wird nach der Hauptspeise entfernt.

Verinnerlichen Sie möglichst alle Arbeitsschritte, damit sie locker von der Hand gehen und Sie bei aller Umsicht nicht vergessen, um was es geht: um Ihre Gäste! Sie sollen einen wunderbaren Abend in Erinnerung behalten und nicht nur eine gestresste Gastgeberin.

Lilienkarten

Die Form der Serviette zieht sich wie ein roter Faden von der Einladung über die Menükarte bis zur Danksagung. Aus den **Vliestischdecken** schneidet man die Formen (siehe Vorlage S. 156) aus, klebt sie auf eine **weiße Klappkarte** und schneidet die rechte Kontur aus. Da die Menükarten nicht in einen **Briefumschlag** passen müssen, gestaltet man sie dreidimensional. Dazu werden die rechteckigen Streifen wie eine Schlaufe eingesteckt und aufgeklebt. Das **Blatt** der Elben darf natürlich nicht fehlen.

Miniquiche mit Spinat-Käse-Füllung

8 PERSONEN

Aus **200 g Mehl**, **1 Ei**, **Salz** und **100 g weicher Butter** einen Teig kneten und 1 h kaltstellen, danach in kleinen Torteletts-Formen verteilen. **2 Zwiebeln** und **150 g Blattspinat** klein schneiden und in **2 EL Öl** anbraten. **50 g Gorgonzola**, **75 g Creme fraiche** und **1 Ei** verquirlen, mit **Salz** und **Pfeffer** würzen und unter das Gemüse heben. Auf dem Teig verteilen und **einige Pinienkerne** darüber streuen. Bei 200 °C ca. 20- 30 min backen.

Feldsalat

6 PERSONEN

200 g Feldsalat verlesen, waschen und schleudern und auf Tellern anrichten. Eine Vinaigrette aus **2 TL Salz**, **4 TL Zucker**, **4 TL Petersilie**, **4 TL Senf**, **50 ml Wasser**, **20 ml Walnussessig** und **60 ml Walnussöl** mischen und über die Blätter träufeln. **2 kleine Zwiebeln** klein schneiden und mit **200 g Schinkenwürfeln** in **1 EL Butter** anbraten und über allem verteilen.

Vanillecreme mit Orangenlikör

6 PERSONEN

1 Vanilleschote längs aufschneiden, Mark in **750 ml Milch** schaben. Milch zum Kochen bringen. **2 Eier** und zusätzlich **4 Eigelb** mit **80 g braunem Zucker** verquirlen. Dann die heiße Milch hineinrühren und **3 EL Orangenlikör** zugeben. Die Mischung in Gläser füllen und in eine mit Wasser gefüllte Auflaufform stellen. Im Backofen bei 180 °C ca. 30 min kochen lassen.

Dieses Dessert bereitet man am besten am Vortag vor.

Hähnchen in Senfsoße mit Rosmarinkartoffeln

6 PERSONEN

9 Hähnchenbrustfilets 25 min in **1 1/2 l Brühe** kochen. **1 1/2 Bund Schnittlauch** klein schneiden, mit **4 TL mittelscharfen Senf** und **4 TL groben Senf**, **1 TL Kurkuma**, **250 g Saurer Sahne** und **3 EL Speisestärke** glatt rühren und mit **Salz**, **Pfeffer** und **Zucker** würzen. 400 ml der Brühe aufkochen und die Senfmischung unterrühren, ca 3 min dicklich einkochen lassen und abschmecken. Die Filets in dicke Scheiben schneiden und schmackhaft anrichten.

2 kg kleine Kartoffeln schälen, halbieren und auf einem Blech verteilen. **2 EL Olivenöl** darüber tröpfeln, mit klein gehacktem **Rosmarin** und **Salz** bestreuen. Bei 200 °C 30- 40 min backen.

Leinen los! Maritimes Ensemble

Die Geschirrhandtücher erinnern an die maritime Farbgebung, die sich durch einen rot gestreiften Leuchtturm vor dem blauen Meer ergibt. Natürlich gehört dazu auch eine Dünenlandschaft, die im Kleinformat sogar auf dem Esstisch Platz findet, wenn man in ein Glas eine Graspflanze setzt, sie mit Vogelsand umfüllt und kleine Dekore hineinsteckt. Ein Mini-Rettungsreifen auf den Tischkarten sieht allerliebst aus. Wem die Bastelei zu aufwendig ist, kann sich für die schnelle Variante entscheiden und eine schöne Borte aufkleben. Für die Sitzordnung gibt es einige Richtlinien, bei denen Sie überlegen können, ob sie zu Ihrer Gesellschaft passen: Gastgeber setzen sich an der langen oder kurzen Seite gegenüber, Paare werden getrennt und Damen und Herren abwechselnd platziert. Je näher man am Gastgeber sitzt, desto mehr Wertschätzung erfährt man. Allerdings sind Gesichtspunkte wie gemeinsame Interessen oder soziale Kompetenzen manchmal bessere Ratgeber.

Alle Matrosen an Bord, denn die Seeluft ruft. Bei Wind und Wetter muss die Mannschaft zusammen halten wie der Kerzenring aus Tau, und im Kerzenschein wird es sich dann in der Kajüte gemütlich gemacht.

Patchworkdecke aus Geschirrhandtüchern

Die **Geschirrhandtücher** auf dem Boden zu einem Rechteck, das der gewünschten Tischdeckengröße entspricht, auslegen. Einige müssen dafür evtl. auseinander geschnitten werden, um Lücken zu füllen. Diese Stücke werden mit Zick-Zack-Stichen versäubert. Dann werden alle Teile Stoß an Stoß mit Zick-Zack-Stichen zusammengenäht. Danach näht man die **Borten** auf. Deren Enden werden eingeschlagen festgenäht.

Rettungsringe

Für den großen Ring, der an dem inzwischen bekannten Ständer hängt (s. S. 8), braucht man einen **Styroporring**, den man mit **Strukturpaste** weiß streicht, damit eine ebenmäßige Oberfläche entsteht. Dann schneidet man aus **Geschirrhandtüchern** Streifen zurecht und näht sie um. Sie werden um den Reif geklebt, wobei man eine dicke **Kordel**, die etwas länger als der Kreisumfang ist, mit einfasst. Dafür beginnt man mit dem Streifen, unter dem die Schnittstellen der Kordel liegen und verteilt dann die Kordelabschnitte gleichmäßig.
Nach dem gleichen Prinzip werden die kleinen Rettungsringe gefertigt: Weiß gestrichene **Holzringe**, die man in der Bastelabteilung kaufen kann, werden mit **Borten** und Kordel umklebt.

Rettende Botschaften

oder eine Einladung werden originell, nach Seemannsart verpackt. Kleben Sie um eine **Klappkarte** ein Stück **Geschirrhandtuch**, so dass auf einer Seite noch genug Stoff für eine Briefklappe überhängt. Die Ränder werden mit einer Zick-Zack-Schere geschnitten, damit sie nicht ausfransen. Eine **Kordel**, die noch einen **Mini-Rettungsring** umschlingt, hält den Brief zusammen.

Knoten

Sie werden aus **synthetischen Kordeln** (Spleitex) gebunden, denn dann können ihre Enden über einer Flamme versiegelt werden. Dann verbinden sie so allerhand auf sehr charmante Weise:

- Die **Teelichter**, die jeweils in der Mitte eines locker gebundenen Knotens stehen. Je nach Platz auf dem Tisch kann man sie zum Kreis oder in Reihe gelegt drapieren.
- Wenn die **Servietten** umknotet werden, ist der **Rettungsreifen** besser zu erkennen, als wenn dieser selbst als Serviettenring dient. Das sieht aber auch toll aus, wenn die Serviette von der Mitte aus locker durch den Ring gezogen wird.
- Das Platzband um den Teller herum verbindet Seemannsatmosphäre mit gutem Geschmack und hat somit einen rein dekorativen Zweck, dem es aber sehr professionell gerecht wird. Der Kreuzknoten eignet sich am besten.

Kleine Knotenschule

Eine **Styroporplatte** wird mit einem Cutter zurechtgeschnitten, dabei auf einer Schneideunterlage entlang einer Kante (z.B. langes Lineal oder Brett) sägend schneiden. Das ist wichtig, damit die Kante glatt wird und nicht bröselt. Das **Geschirrhandtuch** wird über die Platte gespannt und mit Doppelklebeband auf der Rückseite festgeklebt. Die verschiedenen Knoten aus **dicker Kordel** werden mit Heißkleber befestigt und die dazugehörigen **Papier**-Schilder mit **Ziernägeln** festgepinnt, genauso wie die **Kordel** zur Aufhängung.

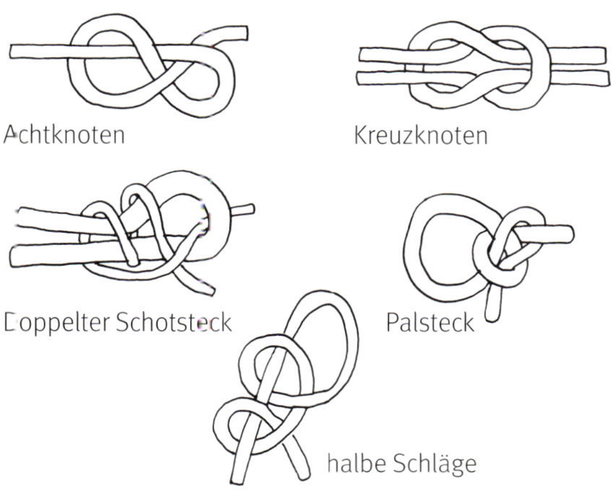

Vogeltränke

Ton zu einer Platte ausrollen und über eine mit **Zelophanpapier** bezogene **Schüssel** anmodellieren, dann trocknen lassen. Mit feinem **Schmiergelpapier** vor allem die Ränder glatt schleifen. Aus Ton eine dicke Rolle auf einer glatten Unterlage rollen, in die Schüssel modellieren und die Schnittstelle der Rolle mit Wasser ebenmäßig verbinden. Wenn der Ton gut ausgetrocknet ist, wird alles mit Tonversiegelung ausgeschwenkt. Lackieren Sie alles mit weißem **wetterfesten Lack**. Das Karomuster wird mit einem dünnen Pinsel aufgemalt.

Auf dem Rettungsring ist die kleine Meise sicher und kann ihren Durst von dort aus stillen. Doch manchmal will sie sich lieber in der Mitte bei einem Bad abkühlen. Hauptsache sie fühlt sich wohl.

Zart gefaltete Neuigkeiten

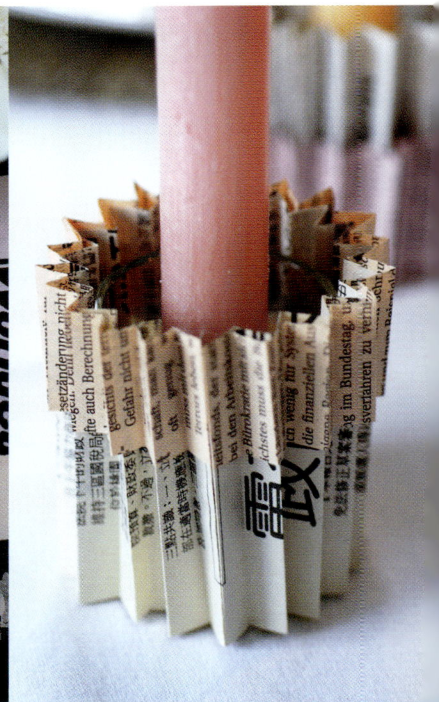

Ist es nicht erstaunlich, welch feine Verwandlung das Altpapier mitgemacht hat? Dabei ist es ganz egal, ob es sich um die Tageszeitung oder eine ausländische Ausgabe vom Flughafen oder letzten Urlaub handelt. Farbige Papiere bringen einen Hauch Romantik auf den Tisch. Fangen Sie mit dem Falten früh genug an, dann können Sie immer, wenn sich die Gelegenheit ergibt, einen möglichst textlastigen Streifen zu einer Ziehharmonika knicken. Um die Vase und die Gläser werden jeweils zwei Streifen gelegt, die an den Enden und miteinander zusammengeklebt werden. Die kleinen Rosetten setzen an der Manschette, hinter der sich übrigens das häufig eingesetzte Windlicht verbirgt, verspielte Akzente. Die Kerzen fixiert man in Vogelsand, der bei jeder Veränderung nachfließt und somit mehr Halt gibt als Spielsand.

Es begeistert mich immer wieder, aus einfachsten Materialien geschmackvolle Dekorationen zu schaffen.

Girlande

Auch über der Tafel wird die Dekoration aufgegriffen. Kleine aufgedrahtete Rosetten schlängeln sich um die Lampe. Unterschiedlich breite **Zeitungsstreifen** werden ziehharmonikaartig in ca. 8 mm Abständen

gefaltet bis sie breit genug für eine Rosette sind. Dann werden sie in der Mitte mit **Draht** festgebunden und ihre Seiten zusammengeklebt. Den Draht erst abschneiden, wenn die Girlande ihre endgültige Länge erreicht hat.

Tellerring

Für einen Tellerring benötigt man drei Papierstreifen, die vertikal aus

der **Zeitung** geschnitten und 7, 5 cm breit sind. Sie werden ziehharmonikaartig in ca. 8 mm Abständen gefaltet und an den Enden zusammenklebt. In Kreisform legt man die Ringe auf die Decke und räumt sie nach der Hauptspeise ab.

Rosetten

Jeder der Geladenen wird mit einer Siegerrosette ausgezeichnet, die auch als Tischkärtchen fungieren kann. Bei der Herstellung kann man mit **Zeitungspapier** wie oben beschrieben vorgehen oder aber Sie falten die Streifen in der Breite des gewünschten Radius, streichen eine Seite und eines der Enden (wie im Foto gezeigt) mit Kleber ein und formen das Ganze zu einem Kreis. Bis es völlig ausgetrocknet ist,

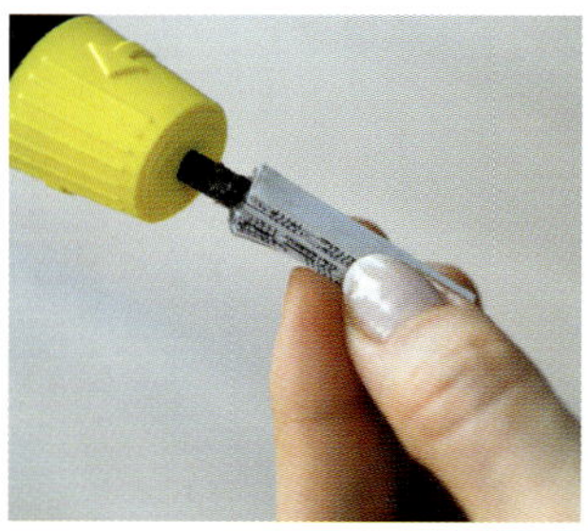

können Sie ein Glas zur Beschwerung aufstellen. Immer zwei Rosetten werden zusammengeklebt und in ihrem Mittelpunkt **Münzen** befestigt. Von hinten klebt man zwei Streifen aus dem Rand der Zeitung an.

Stuhlhussen

Fertigen Sie ein individuelles Schnittmuster an: Die Seiten des Stuhles auf zusammengeklebtem **Zeitungspapier** konturieren. Den Mittelteil von einem Ende bis zum anderen ausmessen und auf Zeitungspapier übertragen. Pro **Stuhl** schneiden Sie zwei Seiten- und ein Mittelteil aus **Stoff** aus. Am unteren Rand muss jeweils 3, 5 cm Saumzugabe, an allen anderen gut 2 cm für Naht und genug Flexibilität zugerechnet werden. Nähen Sie die Teile zusammen. An den Ecken zwischen Sitz und Lehne müssen die Nahtzugaben eingeschnitten werden, damit sich die Naht nicht kräuselt. Versäubern Sie die Nähte mit Zick-Zack-Stichen und nähen Sie den unteren Rand zweimal eingeschlagen fest.

In neuem Gewand erscheinen die sonst dunklen Lederstühle und es entsteht eine völlig neue Atmosphäre.

Menuett in Ess-Dur

Alte **Noten**, die schon leicht vergilbt sind, machen sich besonders gut. Falls sie solche nicht besitzen, können Sie eine Partitur auf **getöntes Papier** kopieren und genauso wie mit dem Zeitungspapier verfahren. Für die Servietten- und Bestecktaschen habe ich ein Rechteck gefaltet, es an zwei Seiten zusammengeklebt und dann eine doppelte Rosette aufgeklebt. Besonders elegant sehen die **Perlen** darauf aus, ebenso können Sie **Knöpfe** verwenden.

Wie Sie sehen, kann eine Ausführung ohne Farbe sehr stilvoll aussehen und wird nicht nur Musikern gefallen. Verwenden Sie ruhig verschiedene Weißtöne, denn das wirkt besonders attraktiv.

PIANO.
Allegro moderato.

Traumhochzeit im Grünen

Als Symbole der Liebe werden Herzen auf Hochzeiten gerne in Szene gesetzt. Als Tischkarten an den Servietten (s. S. 156), die mit Perlen umrafftem Tüll umschlungen sind, nehmen sie die Geladenen besonders herzlich in Empfang. Mit einem hellbraunen Fineliner werden sie eingerahmt und beschriftet. Passend dazu gestaltet man die Menükarten (s. S. 156). Mit Draht, auf den zuvor kleine Perlen aufgezogen wurden, bindet man einen Streifen Tüll ab und zwar immer in gleichen Abständen. Dieser Schlauch wird um ein auf der Karte aufgeklebtes, cremefarbenes Herz geklebt. Die beiden Enden fasst man mit einer Perle zusammen.

Wenn sich Träume erfüllen, gibt es Grund zum Feiern. Im Sommer bietet der Garten eine der schönsten Kulissen dafür. Anmutig erstrahlt die in Weiß gehaltene Tafel bis in die Nacht.

Brautstrauß

Um einen Streifen **Tüll** werden **Perlen** gebunden. Dazu zieht man die Perle auf **Draht**, verzwirbelt den Draht einmal unter der Perle. Dann legt man den Tüll dazwischen und dreht über dem Zeigefinger den Draht am Tüll

fest. Den Draht lässt man wie einen Stiel abstehen. Das macht man an ca. 8 Stellen. Nachdem man aus **Rosen** (hier Vendela) einen kugeligen Strauß gebunden hat, umkleidet man ihn mit der Tüllmanschette. Dazu fasst man die Drahtenden wie weitere Stiele um den Strauß. Der Bund wird mit gewässertem **Küchenpapier** umwickelt, in einen kleinen **Gefrierbeutel** gesteckt und für einen guten Griff mit Tüll umwickelt.

Wie der Schleier einer Braut legt sich der von Perlen geraffte Tüll um die cremefarbenen Rosen im Brautstrauß und verbreitet auch an anderen Stellen seinen Charme.

Von Herzen

Beklebte Thunfisch- oder andere flache **Konservendosen** werden mit gewässertem **Steckmoos** bestückt. Darauf legt man nach der Vorlage von S. 156 ausgesägte und lackierte Holzherzen (aus 0, 5 mm **Sperrholz**), nachdem man sie mit einem **Perlen-Tüllrand** versehen hat. Der wie vorne beschriebene Schlauch wird in vorgebohrten Löchern festgedrahtet. In das Loch steckt man **Kerze**, **Rose**, **Olivenzweige** und **grüne Blüten.**

Gestecke

Hier werden die **Dosen** mit gewässertem **Steckmoos** so befüllt, dass es übersteht, damit man die **Rosen** wie auf dem Foto einstecken kann. Mit **Grünzeug** füllen und wie bei dem Brautstrauß den **Perlen-Tüll** ins Moos stecken.

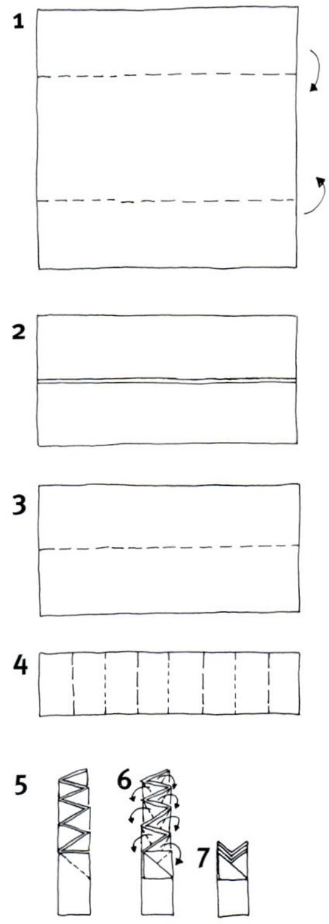

Stern

1 Zwei Seiten der geöffneten Serviette zur Mittellinie falten.

2 Wenden.

3 Die untere Hälfte nach oben klappen.

4 Das entstandene Rechteck in 8 Teile falten, dazu wird es erst halbiert, geviertelt und dann geachtelt, und zwar so, dass eine Ziehharmonika entsteht.

5 Von der vorderen Lage ein kleines Dreieck diagonal nach unten falten.

6 Aus jeder Falte ein Dreieck nach unten innen klappen.

7 Wenn alle eingefaltet sind, fächert man den Stern auseinander.

Schiffchen

1 Von der geviertelten Serviette die geschlossene Seite diagonal auf die offene falten.

2 Die kurzen Seiten des Dreiecks zur Mittellinie brechen.

3 Die überstehenden Dreiecke nach hinten klappen.

4 Mit der offenen Seite nach außen die Serviette halbieren.

5 Die vier Lagen der Serviette wie Segel aus dem Schiffchen ziehen.

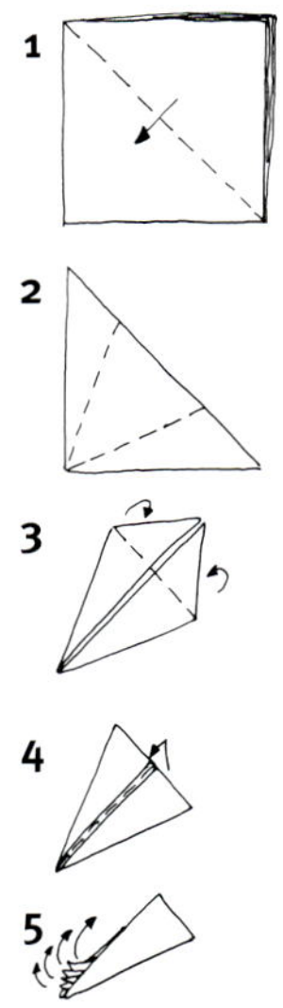

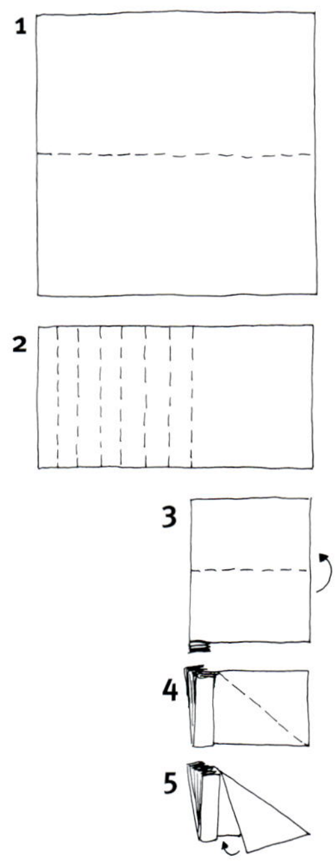

Fächer

1 Die offene Serviette halbieren.

2 Von einer Seite aus die Serviette ziehharmonikaartig falten bis einmal über die Mittellinie hinaus, so dass die Falten auf der unteren Seite liegen.

3 Die untere Hälfte nach oben klappen.

4 Das hintere Teil der Serviette diagonal nach unten falten.

5 Das überstehende Dreieck nach hinten klappen und den Fächer öffnen.

Für besondere Feste dürfen die Servietten auch besonders gefaltet sein. Hier einige Klassiker.

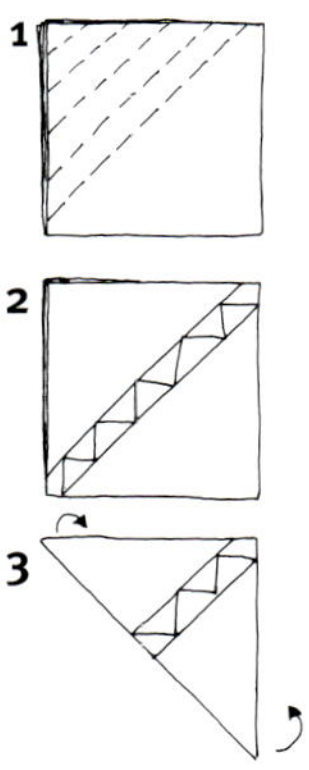

Mit Schärpe

1 Von der geviertelten Serviette eine der Lage diagonal ziehharmonikaartig zur Mittellinie falten, so dass die Falten mittig auf der Diagonalen liegen.

2 Die Serviette so halbieren, dass der gefaltete Streifen außen liegt.

3 Die äußeren Ecken hinten zusammenführen und ineinander stecken.

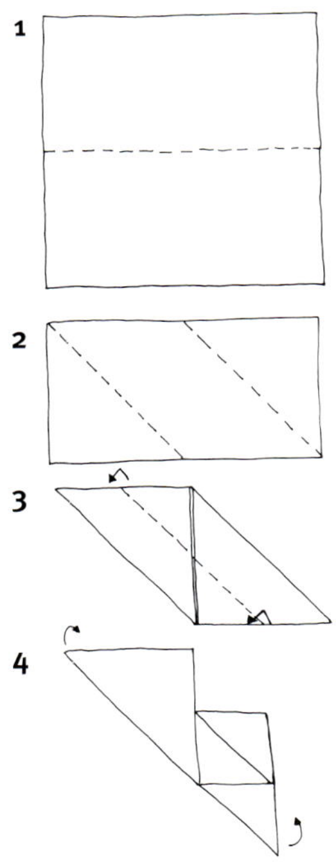

Bischofsmütze

1 Die offene Serviette halbieren.

2 Von dem Rechteck zwei gegenüberliegende Ecken zum Mittelpunkt der jeweils gegenüberliegenden Seite falten.

3 Das entstandene Parallelogramm längs halbiert nach unten brechen, dabei stellen sich die Spitzen der Dreiecke auf.

4 Die äußeren Ecken zusammenführen und ineinander stecken.

Stuhlschmuck

Leicht zu erkennen sind die für das Brautpaar gedachten Stühle. Sie sollten an der Längsseite der Tafel stehen, so dass die frisch Vermählten von möglichst vielen Gästen gut zu sehen sind. An den mit Rosen gefüllten Blumenröhrchen werden Tüll und Seidenbänder mit Draht befestigt. Von der Rückseite werden sie mit Sicherheitsnadeln an den auf S. 97 beschriebenen Stuhlhussen befestigt.

Um die Rose wird ein Perlen-Tüll-Ring gesteckt, der wie bei der Menükarte beschrieben hergestellt wird.

Für die Kirchenbänke können alternativ weiß bemalte Blumenröhrchen mit Tüll ummantelt werden. Dazu rafft man den Tüll mit einer auf Draht gezogenen Perle zusammen, zieht dann beide Enden nach oben, wo der Tüll fest gedrahtet wird und steckt die Rose mit Tüllring in das Röhrchen. An den Bänken wird dieser Blumenschmuck mit Seidenbändern festgebunden, die zierend runterhängen.

Gartenlichter

Auf **Gewindestangen** (6 mm) werden mit passenden **Muttern** flache **Konservendosen** in die mit einer Ahle ein Loch gestochen wurde,

geschraubt. Sie werden mit bewässertem **Steckmoos** fast bis zum Rand gefüllt. Darauf setzt man ein kleines **Teelichtglas**, das mit **Grünzeug** umsteckt wird. Den vorne beschriebenen **Perlen-Tüll-Schlauch** steckt man mit seinen Drahtenden ebenfalls im Steckmoos fest. Unten wird eine Schleife aus zwei verschiedenen **Seidenbändern** gebunden.

Gastgeschenk und Dankeskarte

Wie auf S. 61 beschrieben, werden kleine **Papier**-Schachteln gefaltet, die dann mit einer **Stoffrose** und wie bei der Menükarte mit dem **Perlen-Tüll** umklebt wird. Nach gleichem Prinzip kann man die Dankeskarten (s. S. 156) gestalten, wobei die Perlen zum besseren Halt am Rand angedrahtet werden. Von der Innenseite kann man die Drahtenden unter einem **Hochzeitsfoto** verstecken.

Ein Märchen aus 1001-er Nacht

Umgeben von einem Lichtermeer umrahmen orientalische Torbögen an den Seiten eines Pavillons die Tischrunde, auf der sich Grabkerzen in schmucke Dauerbrenner verwandelt haben. Nostalgiebildchen, Bänder und Perlen machen jedes einzelne zu einem kleinen Unikat. Genauso wie die Glasabdeckungen, die aus angemalten Käseschachteln gemacht werden und ungewünschte Nutznießer fernhalten. Allen gemein ist die kunterbunte Zusammenstellung der Farben, die sich in dem Blumenarrangement fortsetzt: Für die Vasen schneidet man aus den Stoffen des Baldachins Rechtecke, die um Longdrinkgläser gelegt und dann an den Enden zusammengeklebt werden. Am oberen Rand werden sie mit Borten und Bändern beklebt. Zum Schluss füllt man die Gläser mit je einer Schmucklilie und einem dazwischen gesteckten Zweig Johanniskraut.

Wenn sich orientalische Formen mit Stilen de Sinti und Roma verbinden, vereinen sie sich in ihrer üppigen Farbenpracht und es kommt zu einer Komposition, die eine märchenhafte Nacht verspricht.

Korb

Feinmaschigen **Kaninchendraht** kann man mit den Händen relativ leicht in verschiedene Formen biegen. Für den Korpus dieser Schale können Sie eine **Schüssel** als Vorlage nehmen, um die Sie den Draht anmodellieren. Das untere Ende wird gebündelt, dabei leicht verdreht und dann zu einem Fuß gebogen. An dem unteren und oberen Ende wird der Rand eingedreht, so dass man sich nicht an den Drahtenden verletzen kann. Durch die Maschen fädelt man **Borten**, **Bänder** und **Spitze**. Diese kann man an ihren Enden mit einem Tropfen Klebstoff verbinden.
Will man das Ganze noch üppiger gestalten, sprüht man das Drahtgestell mit **Goldlack** an.

Tafelspitz

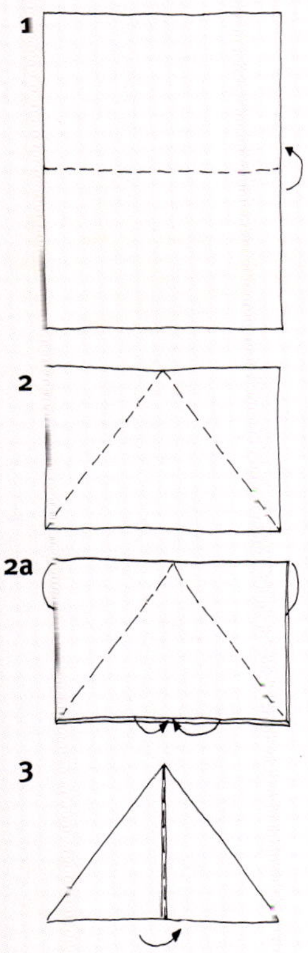

1 Die obere Hälfte der offenen Serviette nach unten falten.

2 Die oberen Ecken zur Mitte der unteren Längsseite brechen.

2a Für den doppelten Tafelspitz ziehen Sie die rechte obere Ecke zwischen den zwei Lagen zur Mitte. Das gleiche wiederholen Sie auf der anderen Seite.

3 Das entstandene Dreieck an der Mittellinie zusammenklappen und aufstellen.

Lammtopf mit Cashewkernen

4 PERSONEN

250 g Zwiebeln klein schneiden und mit **900 g Lammfleisch** (Da mir meistens die niedlichen, weißen Lämmchen auf der Wiese besser gefallen, als in meinem Kochtopf, nehme ich oft auch Rindfleisch– ist dem Rind gegenüber etwas ungerecht, ich weiß....) in **2 EL Öl** anbraten. Mit einer zerdrückten **Knoblauchzehe**, **Salz** und **Pfeffer** würzen. **300 ml Rotwein**, **1 Lorbeerblatt** und **1 Bund Thymian** klein geschnitten zugeben. Im geschlossenen Topf bei mittlerer Hitze eine Stunde schmoren. Währenddessen **250 g Zucchini** und **2 rote Paprika** klein schneiden, in den Topf geben und weitere 30 Minuten köcheln. **1 Dose Tomaten** etwas zerkleinern, zu dem Fleischtopf fügen und nochmals 15 min bei offenem Topf schmoren. mit **Paprika**, **Salz**, **Pfeffer** und **Zucker** abschmecken. Kurz vor dem Servieren das Lorbeerblatt entfernen und **100 g gesalzene und geröstete Cashewkerne** unterrühren. Als Beilage können Sie **Brot, Reis oder Kartoffeln** reichen.

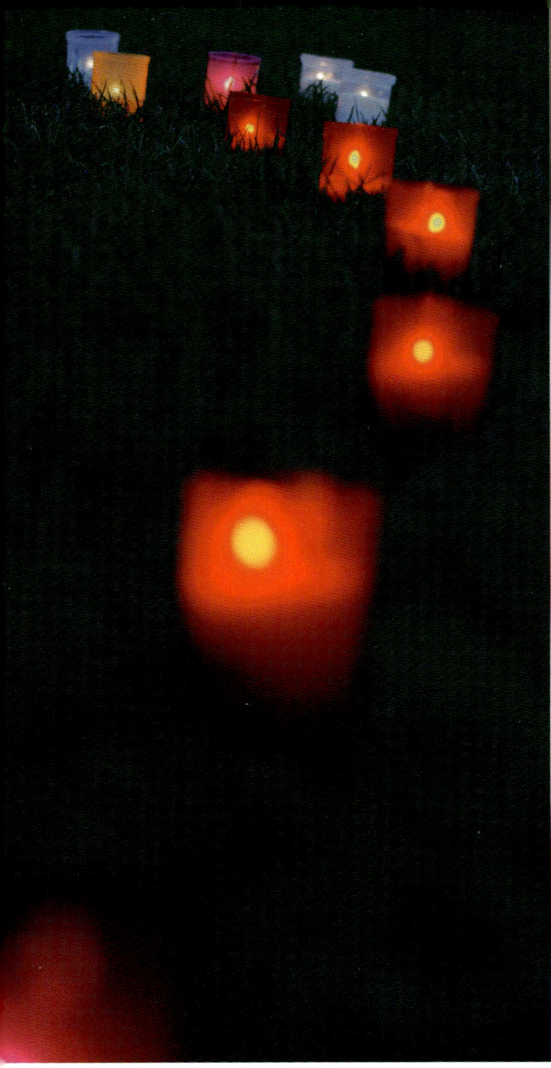

Baldachin

Zugegeben, es ist aufwendig, ein Innenkleid für einen Zeltpavillon zu nähen. Aber der Aufwand lohnt sich, denn man kann ihn ganz leicht auf- und abhängen und mehrere Jahre benutzen. Sie beginnen mit den orientalischen Bögen: Schneiden Sie dazu aus Zeitungspapier eine Vorlage und schneiden die Form aus zwei verschiedenen Stoffen je 6 x aus. Ich habe dafür zwei verschiedene **Bettwäschen** benutzt, deren Kopfkissen ich auf einer dünnen Wolldecke zur Tischwäsche umfunktioniert habe. Immer drei Bögen werden abwechselnd zusammengenäht. Die Kanten mit Zick-Zack-Stichen versäubern und auf den unteren Rand verschiedene **Borten** aufnähen. Dann werden die vier Dreiecke des Daches gefertigt: Aus **Organzastoff** 38,5 cm breite Streifen schneiden.

Dafür legen Sie den Stoff halbiert auf den Boden. Wenn Sie ein 3 m x 3 m breites Zelt haben, können Sie die Maße aus der Zeichnung (s. S. 157) übertragen. Aus der restlichen Bettwäsche schneiden Sie viele 6 cm breite Streifen aus, die zusammen-

genäht werden. Immer abwechselnd näht man den Organza mit den dünnen Streifen zusammen, so dass ein Dreieck entsteht. Dieses wird an drei zusammengenähte Bögen genäht. Versäubern Sie alle Nähte. Wenn alle vier Seiten fertig sind, näht man sie zusammen, versäubert die Nähte und näht Bänder in die rückwärtigen Ecken jeden Abschnitts, um den Baldachin am mit **Lichterketten** geschmückten **Zelt**dach fest zu binden. Damit die Bögen schön in Form liegen und nicht flattern, werden sie mit **geschliffenen Dekosteinen** beschwert.

Wie im Traum fühlt man sich, wenn die Lichter von oben den bunten Organzahimmel zum Leuchten bringen und gleichzeitig von unten viele Dauerbrenner in phantasievollen Formationen die Szenerie einrahmen.

Glänzender Empfang für Freunde

So wie die Kerzen einen Streifen bilden, greifen die Servietten ebenfalls diese Form auf. Sie werden unkonventionell wie eine Banderole um den Tellerrand geschlungen und mit einer silbernen Manschette als Namensschild versehen. Diese kann aus Aluminiumfolie sein oder ähnlich wie die Plastikschalen mit Blattmetall verschönert werden. Dazu kopiert man ein schwarzes Blatt. Die Kopie wird mit silbernem Blattmetall belegt und durch ein transparentes Papier gebügelt, wodurch der Toner klebrig wird. Das Silber bleibt haften und man kann sich das Papier zurechtschneiden.

Lounge-Bar-Feeling für zu Hause schaffen Sie mit klaren Linien, dunklen aufeinander abgestimmten Farben und einigen Glanzpunkten.

ANDREA

Silberglanz

Für das Versilbern der Schalen braucht man neben dem **Blattmetall** die zugehörige **Anlegemilch**. Pinseln Sie damit die **Schalen** ein, lassen Sie die Anlegemilch 15 min eintrocknen und legen dann ein Streifen Blattmetall nach dem andern auf die Schale und reiben sie mit einem weichen **Tuch** glatt. Dabei werden auch die überlappenden Stellen mit abgerubbelt. Für den Halt der **Kerze** sorgt ein **Nagel**, der durch ein mit Ahle vorgestochenes Loch gesteckt wird. Beim Auskleiden der Innenwände müssen Sie die Silberstreifen sehr schmal schneiden.

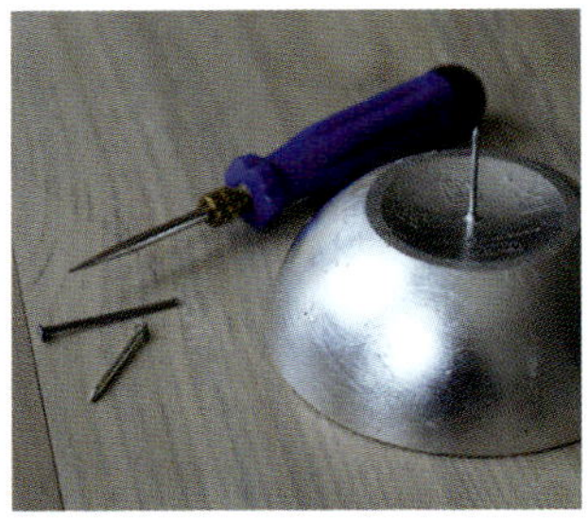

Auf den Kopf gestellt und versilbert. So leicht verwandeln sich Dessertschalen aus Plastik in exklusive Kerzenständer, die zum Hingucker des Abends werden.

Ausgecuttert

Auch die Einladung und die Dankeskarte greifen die klaren, schnörkellosen Linien auf. Kopieren Sie die Vorlage von Seite 156 und legen den Schriftstreifen auf die **Karte**. Mit dem **Cutter** schneiden Sie Vorlage und Karte gleichzeitig auf einem Schneidebrett aus. Hinter den freigestellten Buchstaben klebt man **Aluminiumfolie** oder ein **Foto**, das Sie bei der Feier geschossen haben.

Schriftlichkeiten

Von der Einladung soll der Geladene erkennen können, was ihn erwarten wird. Nicht nur wann und wo sein Erscheinen gewünscht ist, sondern auch den Anlass und nicht zuletzt den Stil und Rahmen der Feierlichkeit. Wecken Sie zum einen nicht zu große Hoffnungen und spielen Sie zum anderen nichts herunter. Für den Gast ist es nämlich ausgesprochen unangenehm, wenn er mit leerem Magen nur auf ein paar wenige Häppchen trifft oder wenn er leger gekleidet in eine mit Smoking und Abendgarderobe gekleidete Gesellschaft kommt. Formulieren Sie verständlich, freundlich, eindeutig und schlicht und wecken Sie dabei Vorfreude auf den zu erwartenden Abend. Nach dem Fest können Sie Ihre Gäste mit einem weiteren Schreiben erfreuen, in dem Sie sich nochmals für die Mitbringsel und das Erscheinen bedanken. Als besonderes Andenken kann man Erinnerungsfotos mitschicken.

Country-Picknick

Schützend legen sich Stoffbahnen, die teilweise aus Geschirrhandtüchern zusammengenäht sind, um den Pavillon. Sein Inneres ist mit Stroh ausgebettet und einige ganze Strohballen liegen in den Ecken zum Anlehnen oder zum Klettern für die Kinder. Sie haben mir einen Strauß Scharfgarbe gepflückt und gemeinsam wickeln wir die Blüten dachziegelartig um einen Drahtring und binden eine Schleife aus Spitze darum. Mit einem Korb voll Stroh, einem Windlicht und ein paar Äpfeln begrüßt das Blütenkränzchen die Gäste am Eingang. Genauso tun es die Stecklichter. Die Konstruktion dafür wird auf S. 107 beschrieben. In diesem Beispiel werden sie mit Tortenspitze und einem Streifen rotkarierter Serviette beklebt. Das Teelicht im Glas wird in die Dose gestellt, die zuvor mit einer dünnen Schicht Steckmoos ausgelegt wird, damit die Mutter verdeckt wird und das Teelicht sicher steht. Dann können die Stäbe spalierartig in den Boden gesteckt werden, so dass sie den Weg zum Strohlager einrahmen. Dort beleuchten Lichterketten und viele Hängelichter den Pavillon, der komplett mit Spitzen von rechteckigen Tortendeckchen umklebt wurde. Gerade die Verbindung von rot-weißen Karomustern und Spitze ergibt ein typisches Countryfeeling.

Haben Sie schon einmal eine Nacht in einer Scheune verbracht? Mit dem Strohgeruch in der Nase und weich gebettet einzuschlafen ist für mich ein wundervolles Erlebnis. Deshalb wurde der Pavillon wie ein kleines Stroh-Hotel ausgestattet, wo wir idyllisch das Landleben genießen.

Spitzenmäßig

Das ganze Zelt ist mit dem Rand rechteckiger **Tortenspitze** beklebt und bekommt damit eine romantische Note. Auch bei den Platzsets besticht die Kombination roter Karos mit Spitze. Aus einer **karierten Serviette** schneidet man einen Kreis, den man auf das Tortendeckchen legt. Dadurch hebt sich das weiße Geschirr besser ab. Für die Serviettentüte werden Viertelkreise aufgerollt und zusammengeklebt.

Vielfältig kann die Patchworkdecke eingesetzt werden: Beim Picknick dient sie als Sitzunterlage, am Tisch aus Strohballen wird auf ihr eingedeckt und in der Nacht wird sie wegen ihrer weichen Rückseite zur Schlafdecke.

Patchworkdecke

Schneiden Sie aus unterschiedlichsten **Stoffen** insgesamt 100 Quadrate von 19 cm x 19 cm Größe. Dabei muss millimetergenau gearbeitet werden, damit später alles zusammen passt. Zunächst werden je fünf Quadrate in einer Reihe aneinander genäht, nachdem Sie sich hingelegt haben, welches Quadrat wo platziert werden soll. Fünf dieser Reihen werden an den Längsseiten zusammengenäht, so dass ein Viertel der Decke entsteht. Dann näht man jeweils zwei der Viertel aneinander und verbindet diese ebenfalls an der Längsseite. Aus dem karierten Stoff schneiden Sie 9 cm breite Streifen zu, die Sie zusammennähen und die Decke damit einrahmen. Die entstandene Decke wird mit ihrer rechten Seite auf eine **Wolldecke** gelegt und an den Rändern bis auf eine Öffnung zum Wenden zusammen genäht. Nach dem Wenden näht man mit der Hand die **Spitze** an und quiltet an den Nähten entlang. Beachten Sie: · Alle Stoffe und die Spitze müssen vorher gewaschen werden. · Nähen Sie immer füßchenbreit vom Rand entfernt, so haben Sie immer die gleiche Nahtzugabe und alle Schnittstellen passen aufeinander. · Nach jeder Naht bügeln Sie die Nahtzugabe zu einer Seite.

Tortillarollen mit Rührei

8 ROLLEN

3 Eier mit **100 ml Milch**, **Salz** und **Pfeffer** verquirlen und in **1 EL Butter** anbraten. **1 Tomate** in hauchdünne Scheiben schneiden. **200 g Schinkenscheiben** Tomaten und Rührei auf den **8 Wraps** verteilen, einrollen, in der Mitte durchschneiden und wie nebenan beschrieben einwickeln.

Der gesunde Nachtisch wird liebevoll in Tütchen aus Tortenspitze verschnürt und mit den Tortillarollen in einem Picknickkorb nett angerichtet. Das weckt Appetit.

Tortillarollen mit Hackfleischfüllung

12 ROLLEN

1 Zwiebel klein schneiden und in **1 EL Öl** anbraten. **400 g Hackfleisch** zugeben. **1 Stange Lauch** klein schneiden und mitbraten. Mit **4 EL Tomatenmark**, **1 EL Senf**, **1/8 l Brühe**, **1 TL Paprikapulver** und **2 TL Salz** würzen. Mit **150 g Saurer Sahne** cremig rühren. Die Masse auf **12 Wraps** verteilen, einrollen und halbieren. Eine Manschette aus Tortenspitze umbinden und wie auf den Zeichnungen gezeigt in eine Serviette einrollen.

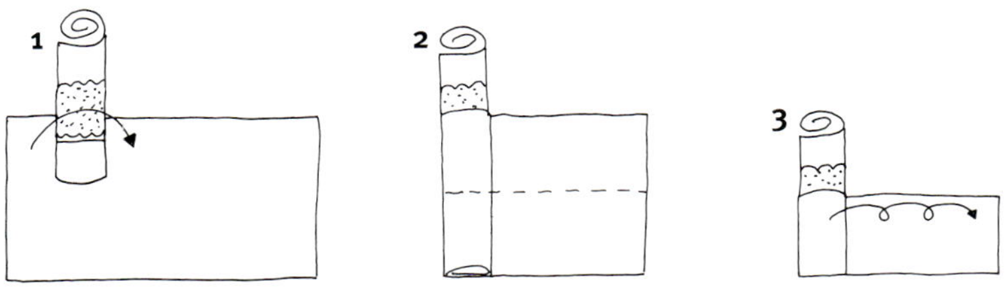

Poolparty in Türkis

Ein Buffet hat im Gegensatz zum Servieren einige Vorteile: Sie können mehrere Personen einladen und sie an unterschiedlichen Plätzen essen lassen, dabei geben Sie die Möglichkeit, die Gesprächspartner im Laufe des Abends zu wechseln und eine zwanglose Atmosphäre entstehen zu lassen. Außerdem haben Sie mehr Zeit für Ihre Gäste und vor allem die Kinder werden Ihnen für die Wahlfreiheit der Speisen dankbar sein. Für den Aufbau des Buffets können Sie als Grundstock alte Tische oder einen Tapeziertisch verwenden. Eine Erhöhung ist aus gestapelten Büchern oder Blumentöpfen und einem Brett schnell gemacht und erzielt doch große Wirkung, wenn alles mit Tischtüchern eingehüllt wird. So erhebt sich die Dekoration gut sichtbar und steht nicht in der Gefahr zwischen den Schüsseln kaum wahrgenommen zu werden. Lichterspiele machen sich in traumhaften Sommernächten immer gut. Deshalb leuchten farblich abgestimmte Kerzen zwischen den angemalten Tontöpfen. Eine Lichterkette wird mit Olivenzweigen umwickelt und mit Sicherheitsnadeln am Buffetrand befestigt. Und über allem leuchten die passenden Laternen, die aus bemalten Käseschachteln und buntem Lichterkettenpapier zusammengeklebt sind, mit einem Drahtbügel versehen wurden und an einer Leine aufgehängt Lichtakzente von oben setzen.

Lavendel und Artischocken sorgen für mediterrane Stimmung, die sich durch die fröhlichen Farben mit einer heiteren Frische verbindet.

Traditionell beginnen wir die Sommerferien mit einem besonderen Abend, zu dem das Nachtschwimmen inzwischen fest dazu gehört. Daran haben nicht nur die Kinder ihre Freude

Bestecketui

1 Auf die aufgeklappte und diagonal gelegte Serviette das Besteckpaar legen. Die drei markierten Ecken einschlagen.

2 Eng aufrollen

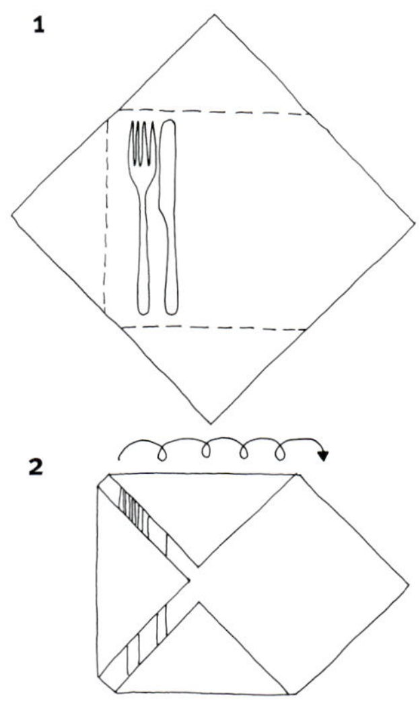

Ein schöner Rahmen

Wenn auf den Tischen Menükarten stehen, können sich die Gäste am Buffet besser und schneller orientieren. Ein kleiner Bilderrahmen auf einer Staffelei, angemalt in den Farben der Töpfe, stellt eine gelungene Präsentation dar. Dazu stellt man noch einen Topf mit Lavendel (siehe S. 137) und eine Artischocke auf eine hellblaue Serviette in die Mitte der Runde und fertig ist die Tischdekoration. Eine größere Staffelei mit Rahmen kann bei genügend Platz auch auf dem Buffet platziert werden, was neben dem informativen Zweck auch einen dekorativen erfüllt. Außer den benötigten Gläsern und eventuell dem Besteck wird noch nicht mehr eingedeckt, da man sich die Teller am Buffet holt. Wenn dort das Besteck zum Mitnehmen ausliegt, sollte es transporttauglich angeboten werden. Bei dieser kompakten Besteck-Servietten-Kombination hat man alles sicher im Griff.

Blumentöpfe und Untersetzer aus Ton können nicht nur als Vasen eingesetzt werden, gestapelt und lackiert verwandeln sie sich zu einer Etagere, auf der die Beilagen zum Käse drapiert werden oder man füllt eine große Schale mit Wasser und setzt mit Schwimmkerzen einen leuchtenden Akzent.

Italienischer Nudelsalat

8-12 PERSONEN

200 g getrocknete Tomaten klein schneiden. **1 l Wasser** mit **1/4 l Weißwein** und **1/8 l Essig** aufkochen. Die Tomaten hinein geben, den Topf vom Herd nehmen und 5 min ziehen lassen. **9 EL Bruschettapulver** mit **100 ml Wasser** anrühren, **9 EL Öl** untermischen und die abgetropften Tomaten darin einlegen. Wenn es schnell gehen muss, können Sie auch fertig eingelegte Tomaten verwenden. **250 g Nudeln (Krawättchen)** nach Packungsbeilage kochen und abtropfen lassen. Die warmen Nudeln mit den Tomaten und deren Marinade vermengen und abkühlen lassen. **200 g Rucola** waschen, schleudern und klein schneiden. **100 g Parmesan** grob hobeln. Alles mit **60 g Pinienkernen** vermengen.

Buffet

Eröffnen Sie das Buffet nach dem Aperitif (siehe S. 75/76) für alle gut hörbar. Lassen Sie Ihren Gästen den Vortritt, helfen Sie ihnen oder füllen Sie nach. Haben Sie einen Ehrengast eingeladen, führen Sie diesen zum Buffet, bedienen sich nach ihm und essen mit ihm zusammen. Die Speisen sind in der Reihenfolge angeordnet wie sie auch serviert werden: Vorspeisen, Suppe mit Brot, Hauptspeisen, Dessert und Käse. Zu dem Käse wird Brot gereicht, das hauptsächlich für die neutralisierende Wirkung zwischen den einzelnen Sorten gedacht ist. So beginnt man mit einem milderen und endet bei dem würzigsten Käse. Dabei wird Weichkäse nur am Brot abgestrichen und nicht verschmiert. Hartkäse führt man mit der Gabel zum Mund.

Erdbeer-Amarettini-Creme

12 PERSONEN

100 g Amarettini in eine Auflaufform geben. **800 g Erdbeeren** klein schneiden und mit **4 EL Zucker** süßen. Die Erdbeeren über den Amarettinis verteilen. **500 g Sahne** steif schlagen und unter **500 g Mascarpone** heben. Die Masse auf die Erdbeeren streichen und 2 h ziehen lassen. **50 g Amarettinis** in einer Tüte zerbröseln, indem man mit einem Löffel auf die Tüte klopft. Die Brösel vor dem Servieren über der Nachspeise verteilen.

Meine Kinder lieben diese Creme!

Einladend stehen die Lorbeerbäumchen Spalier und erinnern an das Thema, das den Besuchern schon bei der Einladung nah gebracht wurde. Denn diese verbarg sich in einer Zitronenschatulle. Dafür halbiert man eine Zitrone, presst sie aus und schält sie dann mit einem Löffel aus. Mit einer Ahle piekst man Löcher vor, zieht Bastband hindurch und verknotet zwei mal zwei gegenüberliegende zu einem Scharnier und bindet durch die vorderen das Band zu einer Schleife als Verschluss. Der Saft der Zitronen kann für das Menü verwertet werden, das auf den feinen Menükarten angekündigt wird.

Sonnengereifte Frische

Mit vielen Zitronen wird es ein lustiger Abend, der durch seine Frische, aber auch Anmut besticht.

Zitronenbäumchen

Die beiden äußeren **Zitronen** werden auf einen **stabilen Draht** gesteckt und rechts und links in der Erde fixiert. Am Draht knotet man **weißen Bast** fest, an den man 1 - 2 Zitronen bindet, bevor man die beiden Bänder in der Mitte des Topfes zusammenknotet. Dann werden 1 - 2 weitere angebunden, die locker herunterhängen. Für die Schleifen legt man das Bastband mehrfach nebeneinander, wickelt es gebündelt zusammen und bindet es zwischen die Zitronen.

Persönlich graviert

So wie auf der vorangegangenen Seite beschrieben werden die **Zitronen** vom Fruchtfleisch befreit. Man schneidet sie in große Ringe, die sich hervorragend als **Servietten**ringe eignen. Als Namensschild können sie gleichzeitig fungieren, wenn man sie mit einem Linoleummesser graviert. Den Namen vorschreiben und mit dem Schneidewerkzeug nachziehen.

Zitrusleuchten

Auch hierfür höhlt man die **Zitronen** aus (siehe vorne). Mit **Teelichtern** bestückt schwimmen sie in einer Glasschale neben weißen **Rosen**. Für die Stecklichter schneidet man mit dem Linoleummesser eine kleine Einkerbung in die Spitzen der halbierten Zitronen und dreht lackierte **Gewindestangen** hinein. Dabei darf man nicht ganz durch bohren, damit die Zitrusfrucht sicheren Halt findet. Mit Teelichtern befüllt sind sie leuchtende Blickfänger.

Frischekick

Der individuelle Geschmack eines Mineralwassers sollte nach Meinung von Feinschmeckern nicht von Zitronen beeinträchtigt werden, sondern ohne Eiswürfel bei 7 - 10 °C serviert werden. Doch Leitungswasser bekommt durch den Zitrusgeschmack eine belebende Frische. Nur ungespritzte und gewaschene Zitronen verwenden!

Ring an Ring

Die ausgehöhlte **Zitronen**schale in Ringe schneiden und mit **Bastband** zusammenknoten. Die Girlande locker über einer **Lichterkette** drapieren.

Zitronenhähnchen

4 PERSONEN

1 kg Hähnchenfleisch (mit und ohne Knochen) in grobe Stücke schneiden. **800 g Kartoffeln** schälen und vierten. Alles zusammen in eine Auflaufform geben und **salz**en. Den **Saft von 2 Zitronen**, **1/2 Tasse Olivenöl** und **2 Knoblauchzehen** (zerdrückt) mit einander verquirlen, mit viel **Oregano** und **italienischen Kräutern** würzen und über dem Fleisch und den Kartoffeln verteilen. Mit Wasser auffüllen, bis alles knapp bedeckt ist. Bei 250 °C ca. 90 min garen.

Zitronen-Baiser-Creme

4 - 6 PERSONEN

100 g Baiser in eine Tüte füllen und mit einer Suppenkelle darauf schlagen, um die Törtchen zu zerbröseln. Die Hälfte davon in 4 - 6 Nachtischschalen oder in 1 Schüssel verteilen. Den **Saft von 2 Zitronen** mit **300 g Naturjoghurt** und **100 g Zucker** verrühren. **200 g Sahne** steif schlagen und unter die Masse heben. Die Hälfte davon über die Baiserbrösel gießen und mit den anderen Hälften abwechselnd schichten. Mit etwas ungespritzter, geriebener **Zitronenschale** dekorieren. Sie können alles für die Nachspeise schon vorbereiten, doch sollten Sie die Joghurtmasse vor dem Servieren nochmals verrühren und dann erst schichten.

Obwohl sich der Geschmack der einzelnen Gänge abwechseln sollte (siehe S. 55), treffen die Geschmacksnerven in diesem Fall immer wieder auf Zitronen. Bei einem Mottoabend ist das kein Problem, vielmehr zeigt es die vielfältigen Einsatzmöglichkeiten der sauren Frucht.

Seeluft voll Lavendelduft

Zarte Farben bestimmen das Bild der Tafel. Um diese Wirkung zu unterstützen, sind die Muscheln und Seesterne mit rosa Farbe angemalt. Die gleichen Töne findet man in der Kombination aus Serviette und Gastgeschenk wieder, die eine Überraschung für die Geladenen verbirgt. Bei Ihrer Einladung können Sie entscheiden, ob Sie den Schwerpunkt mehr auf die Muscheln oder den Lavendel setzen möchten. Für erstere Variante kleben Sie zwei verschieden große Karten mittig aufeinander und kleben am inneren Rand Kordel an, die an den Ecken verknotet wird. Im Mittelpunkt wird eine angemalte Muschel festgeklebt. Für die Lavendelschrift schreibt man die Buchstaben mit Bleistift vor,

schreibt sie mit Kleber nach und lässt Lavendelblüten darüber rieseln. Nach einem vorsichtigen Andrücken schüttelt man die Blüten ab und korrigiert den Schriftzug mit einer Pinzette. Übrigens gibt es beim Lavendel unterschiedliche Sorten. Nicht bei allen bleibt die Farbe so gut erhalten. Man sollte den Lavendel vor der Blüte schneiden, dann bleibt er frei von braunen verwelkten Blättern.

Wenn die Strandmitbringsel auf Lavendel und Rosa treffen, taucht man in Urlaubsträumereien ein, die bei der leuchtenden Girlande bis in die Nacht hinein erlebt werden können. Das allein ist schon Erholung.

Schwere Muscheln

Große Muscheln werden mit **Ton** oder lufttrocknender Knete gefüllt. **Gardinenklemmen** löst man von ihrem Ring und biegt ein Stück **Draht** wie auf dem Bild gezeigt zurecht, um es dann in das gefüllte Gehäuse zu stecken. Nach dem Erhärten kann man sie mit oder ohne Lavendelkränzchen an die Tischdecke als Windsicherung klemmen. Für das Kränzchen bindet man die **Lavendelrispen** mit **Draht** um einen Drahtring.

Lavendellicht

Starten Sie beim Aufwickeln der Girlande mit einem dickeren Bündel **Lavendel** und wickeln das eine Ende einer **kleinen Lichterkette** darum. Das ganze mit **Draht** festbinden und nach und nach dachziegelartig kleine Lavendelbündel dazubinden. Dabei die Lampen der Lichterkette gleichmäßig verteilen. Am Ende der Girlande wird ein dickerer Lavendelstrauß von entgegengesetzter Richtung festgedrahtet und der Übergang mit Blütenrispen ohne Stiel gefüllt. Dann werden noch mit **rosa Farbe Muscheln** und **Seesterne** angemalt und mit Heißkleber befestigt.

Präsente mit Manschette

Aus **Seidenpapier** schneidet man ein 23 cm x 32 cm großes Rechteck zu. Es wird über die Mitte wie auf dem Bild gezeigt eingerollt und am Ende festgeklebt. Wenn man es mit einem kleinen **Geschenk** gefüllt hat, bindet man es mit einer **Kordel** zu. Die halbierte **Serviette** wird längs gedrittelt und wie eine Banderole um das Geschenk gelegt. Dabei überkreuzen sich die Enden der Serviette unter dem Tütchen. Für die Damen ein rosa und die Herren ein violettes.

Duftkissen

Zwei 11 cm x 11 cm große Quadrate aus **Organzastoff** werden bis auf eine 3 cm große Öffnung zusammengenäht. Über die Öffnung wenden und mit **Lavendelblüten** füllen. Mit der Hand das Kissen zunähen. An die Ränder werden mit der Hand **rosa Kordel** genäht. Dabei umschlingt man die Kordel in jeder dritten Einkerbung, so dass der Faden unsichtbar verschwindet. Die Enden verknotet man an den Ecken und klebt einen mit **rosa Farbe** bemalten **Seestern** fest.

EINLADUNG

Griechisches Gelage

Aus dem Zeltpavillon ist ein griechischer Palast der Antike geworden: Weiße Stoffbahnen werden schwungvoll mit Sicherheitsnadeln am Gerüst befestigt und mit Lichterketten umrahmt. Die Pfoster (s. S. 36) beklebt man mit cremefarbener Folie, in die ein Schatten mit grauer Farbe gemalt wird. Im Zentrum der entstandenen Säulenhalle steht ein Tisch, der aus einer Platte und untergelegten Pflastersteinen oder Kisten zusammengesetzt wurde und um den herum man es sich auf Kissen gemütlich machen kann. Darauf stehen zwischen silbernen Schalen und Tabletts kleine Ableger der Säulen, die den Tisch beleuchten. Es sind Toilettenpapierrollen, in denen die Kerzen durch einen Streifen Klebeband Halt finden (s. S. 49) und die dann mit einer Kopie der Vorlage von Seite 157 beklebt werden. Über all dem ragen große und kleine Kränze. Schon auf der Karte hinterlegt einer aus aufgeklebten Buchsbaumblättern die einladende Schriftrolle. In der Mitte der Tafel thront ein Siegeskranz -ganz klassisch aus Lorbeerblättern, die von beiden Seiten auf einem Metallring mit Heißkleber befestigt werden. Aufgehängt wird er mit weißen Bändern am Küchenpapierhalter (s. S. 8).

Weil Shakespeares Sommernachtstraum in einem griechischen Palast beginnt und auch endet, wollte ich ein Kapitel diesem Thema widmen. Wie bei einem Mahl der Antike steht das reichhaltige Angebot der Speisen im Mittelpunkt, bestückt mit weißen Tüchern, Säulen und Lorbeerkränzen.

Hähnchen in Blätterteig

4 PERSONEN

4 Hühnerbrüste klein schneiden und mit **Pfeffer** würzen. In einer Mischung aus **150 ml Rotwein**, **1EL Fischsoße** (bei asiatischen Lebensmitteln zu finden) und **1 kleinen Stange Lauch**, die klein geschnitten wird, 1/2 h köcheln. Das Fleisch mit der eingekochten Soße auf **2 Packungen tiefgefrorenen Blätterteigplatten** verteilen und jeweils einen Klecks **Ricottakäse** dazugeben. Die Quadrate diagonal halbieren und am Rand mit einer Gabel zudrücken. Bei 200 °C ca. 20 min backen.

Eine saubere Sache

Bei Gerichten, bei denen man aus der Hand isst, serviert man links oberhalb des Brottellers auf einem kleinen **Teller** eine **Schale** mit **lauwarmen Wasser**, in dem ein **Zitronenstück** schwimmt. Es dient zum Reinigen der Finger, die dann an der **Serviette**, auf der die Schale steht, abgetupft werden können. So ähnlich machten es schon die alten Griechen.

Siegeskränze

Sie geben den Gästen Orientierung bei der Sitzplatzsuche und der Speisenauswahl. **Buchsbaumzweige** wickelt man dachziegelartig um einen kleinen **Draht**ring. Die Ständer sind Kleinformate des Küchenrollenhalters. Für ihren Fuß verwendet man **Holzräder**, die den Vorteil eines vorgebohrten Loches haben, oder **Holz-Ornamente**, in die noch ein Loch gebohrt werden muss. Ein **Rundholz**, das die Breite des Loches hat, schneidet man in 18 cm lange Stücke und sägt eine Einkerbung hinein. Den Stab mit **Holzleim** im Loch festkleben und das Kränzchen mit Bändern anhängen. Auf **Architektenpapier** druckt man die Namen, schneidet es in Streifen und rollt die Enden ein. Mit Heißkleber sind sie schnell aufgeklebt.

Wie ein Ehering erinnern sie an das Immerwährende und sind deshalb

auch ideal für eine Hochzeitdekoration, z.B. mit cremeweiß angemalten Ständern und feinen Goldbändern zum Anhängen des Kränzchens. Die Schriftrolle kann auch durch ein Herz ersetzt werden.

MANUEL

Tempelsäulen

1 Von der aufgeklappten Serviette die obere Hälfte diagonal nach unten klappen.

2 Ungefähr 3/5 der Serviette nach oben brechen.

3 Rechts und Links die Ecken nach innen falten.

4 Zur Mitte rollen. Mit einem Bändchen zusammenbinden und einen Zweig Buchsbaum einstecken.

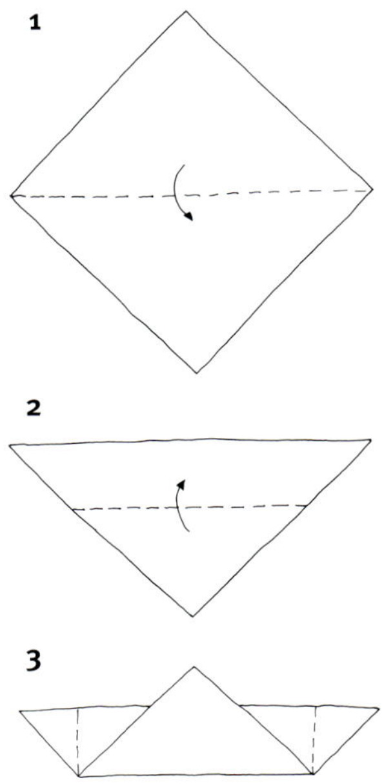

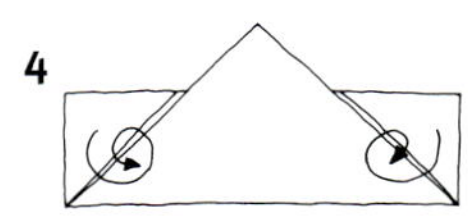

Gebackener Thunfisch

4 PERSONEN

4 Thunfischsteaks in kleine Stücke schneiden und in eine Auflaufform geben. **Salzen** und **Pfeffern**. **100 ml Weißwein** und **2 EL Olivenöl** und eine zerdrückte **Knoblauchzehe** vermengen und über den Fisch geben. bei 180 °C ca. 25 min backen.

Garnelen in Honig

4 PERSONEN

400 g geschälte und gekochte Garnelen in **1 EL Olivenöl**, **1 EL Fischsoße** (findet man bei asiatischen Lebensmitteln) und **2 EL Honig** für 5-6 min anbraten. Die Garnelen aus der Pfanne sieben, warm halten und die Soße zur Hälfte verkochen, dann mit **2 TL Oregano** und **Pfeffer** würzen.

Die Rezepte der römischen und griechischen Küche waren meist sehr einfach. Zu einem Mahl in Geselligkeit wurden verschiedene, mundgerechte Speisen angerichtet, damit man sie im Halbliegen verzehren konnte. Dazu reichte man immer Weißbrot in Körben, oft auch Oliven und Nüsse und reichlich Wein.

Süsse Käse-Bällchen

4 PERSONEN

300 ml Milch zum Kochen bringen und gut **65 g Grießmehl** einrühren. Unter gelegentlichem Rühren abkühlen lassen. **100 g Sesamsaat** auf einem Blech verteilen und bei 180 °C backen bis sie leicht bräunlich werden. Wenn die Griesmasse eingedickt ist, **3 EL Honig**, **120 g Ricottakäse** und den gerösteten Sesam unterheben. Aus dem Teig mit zwei Löffeln kleine Klöße formen und in heißem **Öl** anbraten. Danach in **Sesam** wälzen. Sie sind warm und kalt ein Genuss.

Pfannkuchen mit Honig und Sesam

4 PERSONEN

150 g Mehl mit **280 ml Wasser** und **40 g Honig** verrühren. **2 EL Öl** in einer Pfanne erhitzen und den Teig hineingießen. Wenn er eindickt, den Pfannkuchen wenden und hellbraun anbraten. Mit **Sesam** bestreuen und in kleine Stücke schneiden.

Sesam-Nuss-Kugeln

CA. 40 STÜCK

100 g Sesam mit **70 g gehackten Nüssen** (Hasel-, Walnüsse und Mandeln) auf einem Blech verteilen und goldbraun im Backofen bei 180 °C rösten. **140 g Honig** in einem Topf 4 min kochen lassen und dann die Sesam-Nuss-Mischung einrühren. Die Masse auf einem Backpapier verteilen und zum Weiterverarbeiten leicht abkühlen lassen. Mit den Händen zu kleinen Kugeln formen. Packen Sie einige Bällchen in ein kleines Zelophantütchen, binden es liebevoll zusammen und geben Sie es Ihren Gästen am Ende des Abends mit nach Hause.

Ein süßer Nachgeschmack für Ihre Gäste

Sommerliches Finale

Der Sommer neigt sich dem Ende zu und die grünen Bälle in den Kastanien verraten, dass die Herbstfrüchte sich für eine kältere Jahreszeit bereit machen. Aber bis dahin hat man noch einige Nächte Zeit. Doch die Abende werden langsam kühler, so dass man sich zum Feiern gerne im Sommerhaus, dem Pavillon, niederlässt. Dort kann man bei Bedarf die Türen schließen und sich im Inneren wärmen. Das rot-grüne Ambiente erzeugt hier eine ganz neue Stimmung. Die beiden Konträrfarben werden in einer festlichen Inszenierung vor dem geöffneten Vorhang dargeboten. So bilden die Stoffbahnen einen theatralischen Rahmen ohne viele Hilfsmittel. Denn die umgenähten Stoffe werden lediglich in Falten gelegt und mit doppelseitigen Power-Klebestreifen am oberen Rand angeheftet. Eine Bordüre, aus Brokat genäht, bündelt den Schal und wird mit einem Reißzwecken an der Wand befestigt. Im Mittelpunkt der Tafel steht die Amphore mit dem Rosengesteck, das durch die angehängten Quasten bühnenreif ist. Ebenso stolz ragt die Serviette vom Teller empor, der würdevoll von einer Kastaniengirlande umrankt wird.

Schon bevor die braunen Glanzstücke aus den Schalen hervorkommen, lassen sich die Kastanien in ihrem grünen Kleid wunderbar in Szene setzen. Zu dem klassischen Rot bilden sie einen bestechenden Kontrast.

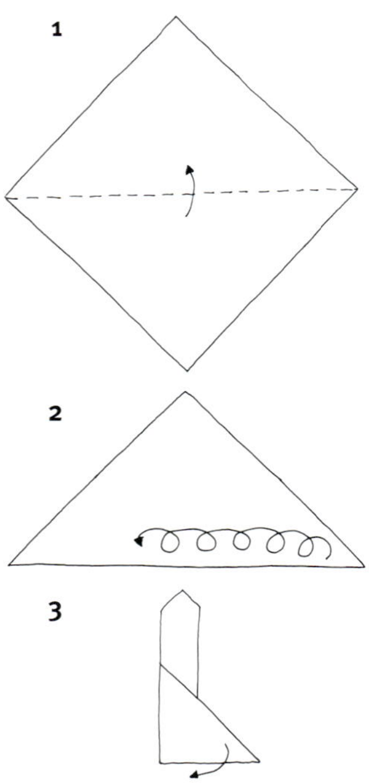

Lange Säule

1 Halbieren Sie die geöffnete Serviette diagonal.

2 Das Dreieck wird von einer der spitzen Ecken über einen Finger eingerollt.

3 Die äußere Ecke entgegen der Wickelrichtung bogenförmig nach vorne schlagen. Damit die Form bestehen bleibt, stellt man die Serviette auf den Rand des Umschlages.

Einladung

Übertragen Sie mit Hilfe einer **gelochten Transferfolie** das Muster der Vorlage (s. S. 157). Dafür legen Sie die Folie (**Tüll** geht auch) auf die Zeichnung und malen sie nach.

Dann wird die Folie auf die **rote Karte** gelegt und man zeichnet das Muster wieder nach. Auf der Karte ist die Girlande jetzt punktiert erkennbar. Verbinden Sie die Punkte mit einem **Fineliner** zu flüssigen Linien. Verfahren Sie auf der anderen Seite genauso, jedoch legen Sie die schon vorgezeichnete Lochfolie spiegelverkehrt an. Der Rand der Girlande wird ausgecuttert, genauso wie mittig ein Bandstreifen, hinter dem der Zweck der Karte erkennbar wird.

Gesteck

Das gewässerte **Steckmoos** wird so in die **Amphore** gesteckt, dass es noch ca. 10 cm herausssteht. Stecken Sie abwechselnd kurz geschnittene **Rosen** und auf **Draht** gesteckte **Kastanien** in das Steckmoos, dabei sollen die Stiele auf den Mittelpunkt des überstehenden Steckmoos-Teils gerichtet sein. Das heißt, dass man von unten nach schräg oben steckt und von oben nach schräg unten. So entsteht die kugelige Form. Die **Quasten** werden an Draht gebunden und zum Schluss eingesteckt.

Platzring

So wie bei der Karte wird das Muster mit Hilfe einer Transferfolie von der Vorlage auf eine rote Tischdecke übertragen. Sie müssen vorher die Vorlage zu Ihrer Tellergröße passend vergrößern. Der Stoff wird mit braunen Stoffmalstiften bemalt. Und zum Fixieren der Farbe gebügelt. Bei nebeneinanderliegenden Platzringen verbinden sich die beiden sich treffenden Bänder miteinander.

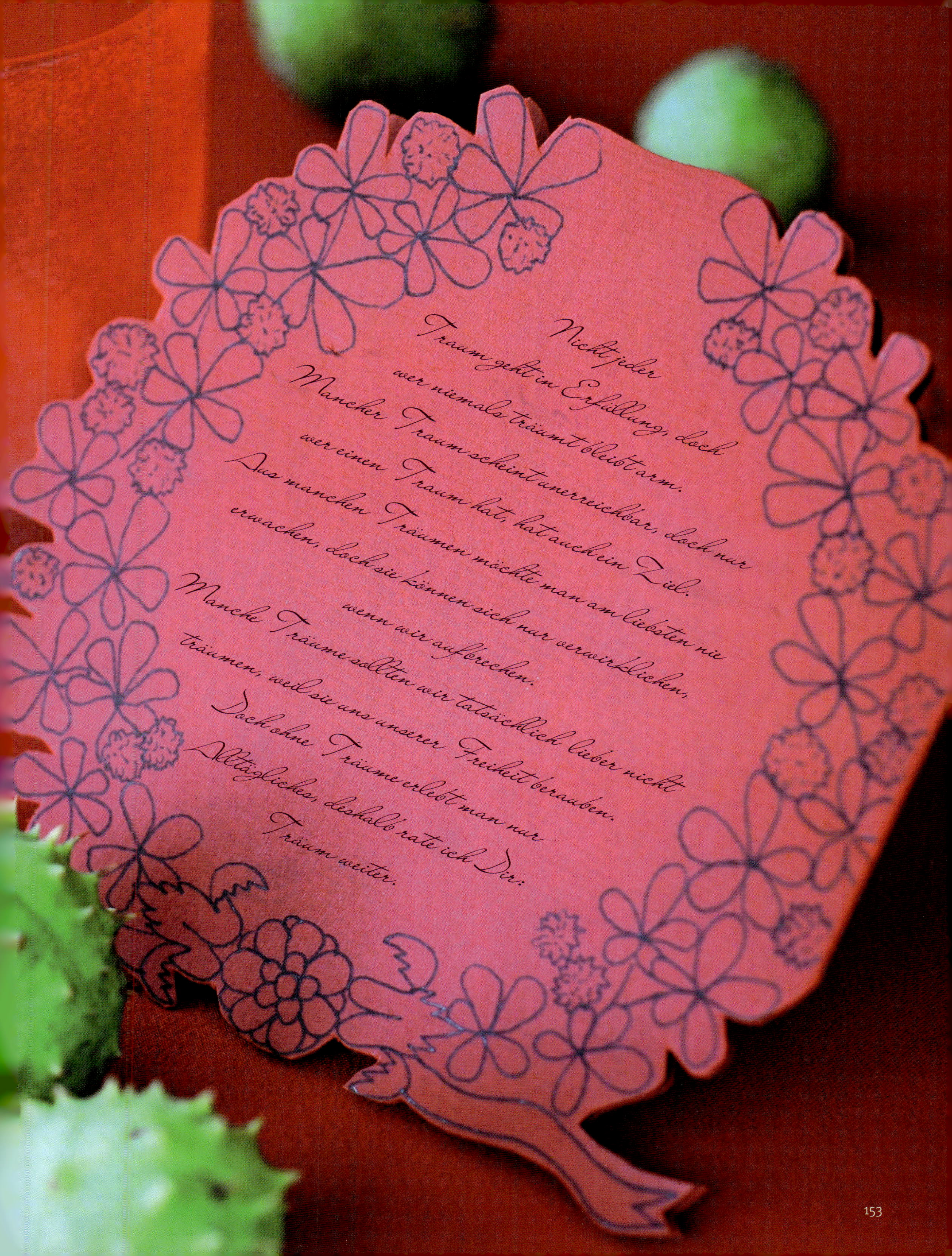
Nicht jeder
Traum geht in Erfüllung, doch
wer niemals träumt bleibt arm.
Mancher Traum scheint unerreichbar, doch nur
wer einen Traum hat, hat auch ein Ziel.
Aus manchen Träumen möchte man am liebsten nie
erwachen, doch sie können sich nur verwirklichen,
wenn wir aufbrechen.
Manche Träume sollten wir tatsächlich lieber nicht
träumen, weil sie uns unserer Freiheit berauben.
Doch ohne Träume erlebt man nur
Alltägliches, deshalb rate ich Dir:
Träum weiter.

Vorlagen

Alle Vorlagen finden Sie zum Ausdrucken unter www.dekoliebe.de

Fähnchen ⑤

Patchwork-Schild ①

Krone ④

Apfeleinladung ⑥

Schild ⑤

Glashütchen ③

Anhänger ⑤

Stern ⑤

Schild (verkleinert) ④

Vorlagen

Alle Vorlagen finden Sie zum Ausdrucken unter www.dekoliebe.de

Kerzensäulen ㉓

Maße für den Baldachin (inkl. Nahtzugabe) ⑰

Kastaniengirlande ㉔

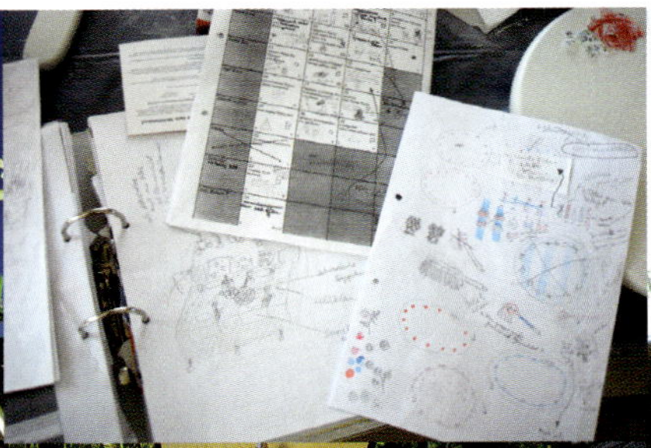

Bezugsquellen

Die Suche nach verschiedenen Materialien und Zubehör kann sehr zeitaufwendig sein, denn nicht in jedem Ort kann man das gewünschte Objekt erwerben. Ich gebe mir zwar immer Mühe, möglichst viel Alltägliches zu verwenden, doch das ein oder andere Besondere bleibt unverzichtbar. Um Ihnen eine kleine Einkaufs-Hilfe mit zu geben, habe ich im Folgenden die von mir gebrauchten Bezugsquellen aufgelistet.

Kapitel Objekt Bezugsquelle (Adresse/Beschreibung)

① Stoffe: Patchworkstatt (Simone Junker, Breitgasse 12, 35428 Langgöns, 06403/940665) und Tilda; Borten: Patchworkstatt; Engel: PTMD

③ Pool: Waterair; Liegestühle: Mesch

⑥ Gartenpavillon: Paulini Teehäuser; Regalschrank: Ikea; Wandhaken: Impressionen; Naturpapier: Im Bilde (Michael Steinacker, www.imbilde-rahmen.de, 02723/688722); Tischdecke: Stoff (Alibaida 2014-26 creme) aus der Textilabteilung von Obi Gießen Süd (0641/ 97507254); Goldene Farbe: Acryl-Mattfarbe gold von Kreul Hobbyline

⑩ Servietten: Ihr; Croustades: Ikea-Schwedenshop

⑪ Servietten: Ihr; Spiegel: Xenos; Stoff und Füllmaterial: Patchworkstatt (Simone Junker, Breitgasse 12, 35428 Langgöns, 06403/940665)

⑫ Gläser: Ikea (Die Gläser mit den Ornamenten sind allerdings Erbstücke)

⑭ Borten: Patchworkstatt (Simone Junker, Breitgasse 12, 35428 Langgöns, 06403/940665)

⑮ Apricotfarbene Zeitung: Financial Times; Rosafarbene Zeitung: La Gazetta dello Sport (französisch); Stabkerzen: Bärbel Bockholt (Dänische Geschenkartikel, 040/7013529)

⑰ Bettwäsche für Baldachin, Tischdecken und Vasen: Ikea (Andrea Blom und Andrea Satin); Tischdecke/ Wolldecke: Ikea (Ritva); Organza: Gardinen von Ikea (Sarita); geschliffene Steine: Ikea (Lyrisk); Servietten: Ihr

⑲ Stoffe für Decke: Patchworkladen (Simone Junker, Breitgasse 12, 35428 Langgöns, 06403/940665); Stoffe am Zelt: Ikea; Servietten kariert: Ihr; Servietten geblümt: Greengate; Wolldecke unter Patchworkdecke: Ikea (Felicia)

⑳ Staffelei mit Rahmen: Ikea

㉒ Lavendelblüten: Patchworkstatt (Simone Junker, Breitgasse 12, 35428 Langgöns, 06403/940665)

㉓ Zapfen und Kugeln: PTMD

㉔ Amphore: Country Garden; Lochfolie: Patchworkstatt (Simone Junker, Breitgasse 12, 35428 Langgöns, 06403/940665)

Einiges kommt in vielen Kapiteln vor: Geschirr mit Ornamenten im Rand: Villeroy und Boch (Cellini); Geschirr glatt: Ikea; Gläser glatt: Ikea; Gläser geschliffen: Linea Riva (Brasserie); Besteck glatt: Ikea; Teelichter in durchsichtiger Hülle, verschiedene Farben: Kerzenwerkstatt (www.kerzenwerkstatt-fehmarn.de); Gartengestaltung: Wolfgang Schuster (Niederhofen 20, 35428 Langgöns, 06403/2804)

Register

Rezepte

Belegte Rösti ... 18 19
Erdbeer-Amarettini-Creme ... 129
Erdbeersoße ... 55
Feldsalat ... 86
Garnelen in Honig ... 145
Gebackener Thunfisch ... 145
Hähnchen in Blätterteig ... 142
Hähnchen in Senfsoße ... 87
Italienischer Nudelsalat ... 128
Lammtopf mit Cashewkernen ... 111
Mango-Risotto mit Garnelen ... 77
Miniquiche mit Spinat-Käse-Füllung ... 86
Nudelauflauf mit Parmesan ... 60/61
Obstsalat ... 55
Pfannkuchen mit Honig und Sesam ... 146 147
Pikante Blätterteigschnecken ... 76
Rhabarber-Blätterteigtasche ... 19
Rosmarinkartoffeln ... 87
Seezunge mit Mandeln-Limettenbutter ... 44
Sesam-Nuss-Kugeln ... 147
Steinpilzsuppe mit Croutons ... 18
Süße Ricotta-Bällchen ... 146
Tarte aux volailles ... 54
Tomaten-Avocadosalat ... 54
Tortillarollen mit Hackfleischfüllung ... 123
Tortillarollen mit Rührei ... 122/123
Trauben-Stracciatella-Creme ... 71
Vanilleeis mit Erdbeersoße auf Obstsalat ... 5
Zitronen-Baiser-Creme ... 135
Zitronenhähnchen ... 134

Gastgeberschule

Amuse gueule ... 76
Anrichten der Speisen auf dem Teller ... 44
Anstoßen ... 76, 84
Aperitif ... 74-76
Appetithäppchen ... 76
Baguette ... 42
Begrüßung ... 74/75
Besteck ... 77, 82-85, 127
Brot ... 83
Brotteller ... 42
Buffet ... 129
Chinesisches Gedeck ... 47
Couvert ... 82/ 83
Danksagung ... 117
Digestif ... 77
Eindecken ... 82/83
Einladung ... 117
Einschenken ... 84
Fischbesteck ... 44
Gedeck ... 82/83
Geschenke ... 76
Gewürze ... 83
Gläser ... 82/83
Käse ... 129
Kaffee ... 52, 77
Knigge ... 74
Menüabfolge ... 18, 55, 129
Menükarte ... 45, 78
Rede ... 76
Richtglas ... 82/83
Richtmesser ... 82/83
Salatteller ... 42
Salz ... 83
Servieren ... 42, 84/85
Servietten ... 84
Sitzordnung ... 89, 106
Suppe ... 18
Tee ... 77
Tisch ... 56, 141
Tischregeln ... 84/85, 106
Tischwäsche ... 82
Verabschiedung ... 75
Vorbereitung ... 56/57
Vorstellen ... 75
Wasser ... 75, 84, 134
Wasserschale zum Reinigen der Finger ... 142
Wetter ... 39, 56
Zeitplan ... 56/57
Zuprosten ... 75/76
Zu Tisch führen ... 84

Danke

Zunächst einmal möchte ich allen **Leserinnen** und **Lesern** danken, die von „DekoLiebe“ begeistert waren, denn Sie haben mich motiviert, ein weiteres Buch in Angriff zu nehmen. Viel Zeit und Energie steckt in einem solchen Projekt und vielen Menschen bin ich dankbar, da sie dazu beigetragen haben, dass das Ergebnis so traumhaft geworden ist. **Olaf**, Du hast „Meine Sommernachtsträume“ nicht nur perfekt gestaltet, sondern Du standest mir immer wieder tatkräftig zur Seite. **Finn und Lynn**, Ihr seid die süßesten Helfer, die man sich wünschen kann und Ihr macht mich zu einer überglücklichen Mutter. **Tirza**, es war ein schönes Jahr, in dem Du bei mir angestellt warst. Wir hatten viel Spaß und Du hast mit viel Geschick bei der Ausführung der Arbeiten mitgewirkt. **Frau Frai**, Sie halten mir auf einmalige Art und Weise den Rücken von vielen Hausarbeiten frei. Danke! **Frau Herbst**, Ihnen und den **Mitarbeitern von BusseSeewald** danke ich für die vertauensvolle und fröhliche Zusammenarbeit. Ich freue mich schon auf die nächsten gemeinsamen Projekte. **Herr Heidt**, als Chefredakteur der Zeitschrift „Lisa Wohnen und Dekorieren“ haben Sie durch Ihre wertvollen Anregungen aus Ihrem reichen Erfahrungsschatz „Meine Sommernachtsträume“ vielfältig bereichert. Allen Fotomodels danke ich für Euren Einatz: **Olaf**, **Finn** und **Lynn**, **Sylvie** und **Markus** mit **Malin**, **Judith** und **Christof**, **Vali**, **Janine**, **Tirza** und **Axel**, **Rosi** und **Hagen** mit **Lisa-Marie**, **Christina**, **Carmen** und **Peter**, **Kirstin** und **Stefan** mit **Hannah**, **Onane**, **Johannes**, **Liselotte** und **Peter**, **Meike** und **Daniel**, **Claudi**, **Juliane** und **Sebastian**, **Andrea** und **Thomas**, **Antje** und **Christian** mit **Nina** und **Juli**, **Papa**, **Renate** und **Tim** mit **Jan**, **Jörn** und **Rike**. Des weiteren haben mir einige Personen geholfen, in dem sie mir Materialien ausliehen, Rezeptideen beisteuerten oder als Babysitter einsprangen. Ein Danke deshalb an **Ute** und **Helmut**, **Antje** und **Christian**, **Anja**, **Ruth** und **Papa**, **Marianna**, **Heike** und **Dieter**, **Carmen**, **Eleni** und **Nicki**. Als Angestellter meines Mannes warst auch Du, **Sammy**, an der Produktion beteiligt. Den **Mitarbeitern** der genannten Bezugsquellen (S. 158), mit denen ich teilweise eine sehr nette Kooperation erleben konnte, danke ich ebenfalls. Mit der größten Ehrerbietung richte ich mich an **Gott**, meinem Vater im Himmel, denn Du bist der, dem ich alles verdanke.